Manfred Pohl / Jelena Mitsiadis (Hg.)

DIE ERDE ALS SPIELBALL

Manfred Pohl / Jelena Mitsiadis (Hg.)

DIE ERDE ALS SPIELBALL

Der Mensch hat das Anthropozän in der Hand

Frankfurter Allgemeine Buch

Bibliografische Information der Deutschen Nationalbibliothek
Die Deutsche Nationalbibliothek verzeichnet diese Publikation in der Deutschen Nationalbibliografie; detaillierte bibliografische Daten sind im Internet über http://dnb.dnb.de abrufbar.

Frankfurter Allgemeine Buch

Frankfurter Allgemeine Buch
Frankenallee 71 – 81
60327 Frankfurt am Main

Titelbild: ©Photodisc_Thinkstock
Umschlag: Julia Desch, Frankfurt am Main
Satz: Wolfgang Barus, Frankfurt am Main
Druck: CPI books GmbH, Leck
Printed in Germany

1. Auflage
Frankfurt am Main 2018
ISBN 978-3-96251-007-7

Inhalt

Zum Geleit

Kristina Gräfin Pilati

Der Frankfurter Zukunftsrat hat seine Arbeit eng mit dem Begriff „Anthropozän“ verbunden.

Der Mensch hat mehr und mehr Einfluss auf die Gestaltung der Erde genommen und das Holozän, das vor rund 11.700 Jahren begann und sich durch relativ stabile Klimaverhältnisse auszeichnete, abgelöst und eine neue geochronologische Epoche eingeläutet – das Anthropozän. Vielleicht kann man sogar sagen: Der Mensch bestimmt über die Erde. Er entscheidet, ob die Erde weiterbesteht oder zum Beispiel aufgrund der Umweltschäden untergeht.

Ein neues grundlegendes Verständnis treibt die Menschen an, sich ihrer Verantwortung bewusst zu werden. Das Umweltbewusstsein hat weltweit erheblich zugenommen, aber gleichzeitig gelingt es nicht, klare Entscheidungen zu fällen, die CO_2-Konzentration zu senken, der Versauerung des Ozeans entgegenzuwirken oder das Artensterben aufzuhalten, um nur einige markante Zeiterscheinungen zu nennen.

Unsere Zukunft hängt von der Lösung dieser uns essenziell bedrohenden Entwicklungen ab. Der Frankfurter Zukunftsrat will dazu beitragen, Lösungen zu finden und Handlungsanweisungen aufzustellen. Gleichzeitig sorgt die vom Frankfurter Zukunftsrat ins Leben gerufene Initiative „My Europe“, seit

2016 ein eigenständiger gemeinnütziger Verein, „My Europe 2100 e.V.“, dafür, dass die europäischen Jugendlichen Europa als ihre Heimat ansehen und für die in den vergangenen Jahren errungenen Vorteile einstehen und diese weiter verbessern. Sie werden das Anthropozän weitergestalten und Maßstäbe setzen, damit die Erde lebenswert bleibt.

Frankfurt am Main im Januar 2018
Kristina Gräfin Pilati
Vorstandsvorsitzende des Frankfurter Zukunftsrates

Vorwort

Am 17. März 2017 fand auf Einladung der stellvertretenden Vorstandsvorsitzenden des Frankfurter Zukunftsrates e.V., Ann Kathrin Linsenhoff, dessen Jahresempfang statt. Hierfür danken wir ihr ganz herzlich. Die Veranstaltung stand unter dem Thema: „Die Erde als Spielball: Der Mensch hat das Anthropozän in der Hand".

Es war erstaunlich, wie viele Teilnehmer den Begriff „Anthropozän" bereits kannten. Es war also von Beginn an keine „Informationsveranstaltung", sondern die Referenten gingen sofort in medias res.

Mit Jan Zalasiewicz konnte ein Experte der „ersten Stunde" gewonnen werden. Der Professor für Paläobiologie an der Universität Leicester gehört zu den renommiertesten Forschern zum Anthropozän weltweit. Das Gleiche gilt für Bernd M. Scherer, Intendant im Haus der Kulturen der Welt in Berlin. In seinem Anthropozän-Modellprojekt „Anthropocene Curriculum" experimentierten Wissenschaftler, Künstler und zivilgesellschaftliche Akteure mit neuen Methoden der Wissenschaftsproduktion zu diesem Thema. Ann Kathrin Linsenhoff sinnierte über Zukunftsprognosen.

Ergänzt wird der Band durch ein Interview mit Klaus Töpfer, dem ehemaligen Exekutivdirektor des Umweltprogramms der Vereinten Nationen (UNEP), und einen Beitrag von Manfred

Pohl, dem Gründer und Vorsitzenden des Wissenschaftlichen Beirats des Frankfurter Zukunftsrates über Anthropozän und Neurotheismus.

Den Abschluss bildet eine von Joachim Müller-Jung, Feuilleton F.A.Z., moderierte Diskussion, die der Journalist mit Jan Zalasiewicz und Bernd M. Scherer führte.

Der vorliegende Band soll die Aufmerksamkeit auf das neue Erdzeitalter Anthropozän lenken und möglichst viele „Zukunftsarbeiten" in den unterschiedlichsten Forschungsdisziplinen anregen.

Frankfurt am Main im Januar 2018
Manfred Pohl und Jelena Mitsiadis

Einleitung

Jelena Mitsiadis

Der Westen und dessen technologischer, materieller und wissenschaftlicher Fortschritt galten lange Zeit als Vorbild für die Kulturen in anderen Teilen der Welt.

Im 21. Jahrhundert haben sich Wissenschaft und Technik nicht nur global weiterentwickelt, sondern auch dem Menschen eine Macht über die Natur ermöglicht, wie es noch vor einem Jahrhundert niemand für realistisch gehalten hätte. Doch wir beginnen uns zu fragen, was für Folgen diese Errungenschaften auf die Menschheit gehabt haben und haben werden. Allein durch ihre Existenz ist das Überleben unserer Spezies bedroht. Die Bedrohung kommt aber auch durch die Verknappung und Verschmutzung der lebenswichtigsten Güter – des Raums, der Luft, des Reichtums und der Vielfalt der natürlichen Ressourcen.[1]

Das Erdzeitalter, in dem wir uns gerade befinden, zeigt deutlich, dass der Mensch an einem Scheideweg steht: Er muss entscheiden, ob er den Fortschritt negieren und sich komplett wieder auf die Natur besinnen möchte oder ob er das Risiko eingeht, den Fortschritt voranzutreiben, da er die Natur bereits so weit beherrscht, dass er nicht mehr zu ihr zurückkehren kann. Wir als Menschheit müssen also in „unserem" Zeitalter

1 Vgl. Lévi-Strauss, Claude: L'Anthropologie face aux problèmes du monde moderne. Paris 2011, S. 15.

den Fortschritt insofern bewerten, als wir in ihm entweder die Sicherung unseres Fortlebens sehen (wie beispielsweise in der Künstlichen Intelligenz) oder einen Feind der Natur, zu der der Mensch wieder zurückkehren muss.

Anthropozän – ein Begriff geht um die Welt

Da diese Entscheidung (noch) nicht von einem Einzelnen getroffen wird, sondern von der gesamten Menschheit, haben die Wissenschaftler den Begriff „Anthropozän" ins Leben gerufen, um Bewusstsein dafür zu schaffen, dass der Mensch erstmals in der Lage ist, die Erde durch sein Verhalten kontinuierlich und direkt nicht nur zu verändern, sondern auch zu vernichten.

Geprägt wurde der Begriff „Anthropozän" durch Paul Crutzen[2] im Jahr 2000. Seit dieser Zeit wurde dieser Begriff vor allem in der Geowissenschaft sehr stark mit dem Klimawandel in Verbindung gebracht. Hier ist der Mensch ein wichtiger Einflussfaktor auf die biologischen, geologischen und atmosphärischen Prozesse auf der Erde geworden.

Der Frankfurter Zukunftsrat hat sich des Themas „Anthropozän" angenommen, da die Wahrnehmung der Verantwortung des Menschen ein ausschlaggebender Faktor für die Zukunft sein wird. Seine Aufgabe sieht der Frankfurter Zukunftsrat vor allem darin, das Anthropozän von unterschiedlichen Disziplinen her zu beleuchten. Dabei sind Politik, Wirtschaft, Medizin,

2 Paul Crutzen war von 1980 bis 2000 Direktor am Max-Planck-Institut für Chemie in Mainz; 1995 erhielt er den Nobelpreis für Chemie.

Pädagogik, Philosophie, Kultur und auch Jura die entscheidenden Wissensgebiete.

Der Frankfurter Zukunftsrat möchte durch die antizipatorische Perspektive seiner vier Kompetenzteams Politik & Wirtschaft, Bildung, Gesundheit und Religion & Kultur Handlungsaufforderungen für die Zukunft formulieren. Diese sollen unter anderem das Bewusstsein wecken, dass wir womöglich die letzte Generation sind, die noch etwas verändern kann.

Die Technologie entwickelt sich so rasant, dass man in vielen Bereichen nicht mal Zeit findet, über den technologischen Fortschritt und seinen Sinn zu diskutieren. Dabei sind gerade Digitalisierung und Künstliche Intelligenz die Themen, die wir unbedingt in die Betrachtung des Anthropozäns einbeziehen müssen. Auch bei der Frage, was nach dem Anthropozän ist, können diese Themen richtungsweisend sein, weshalb der Frankfurter Zukunftsrat sie in seine drei Kompetenzteams Politik & Wirtschaft, Bildung und Gesundheit integriert hat.

Im Jahr 1863 publizierte Samuel Butler sein Werk „Darwin among the Machines". Das, was Darwin für die vergangene Evolution dargestellt hatte, extrapoliert Butler auf die Zukunft. Seine These: „Derzeit sind wir dabei, durch die Entwicklung mechanischer Apparaturen eine uns überlegene Spezies von Maschinenwesen heranzuzüchten, die in absehbarer Zukunft die Herrschaft über die Erde antreten wird." Das war 1863, als man noch nichts von Computern wusste.[3]

3 Vgl. Welsch, Wolfgang: Homo mundanus. Jenseits der anthropischen Denkform der Moderne. Weilerswist 2012, S. 770 f.

Die Kapitel und Autoren dieses Buches

Unser Ziel im Frankfurter Zukunftsrat ist es, Visionen in den genannten Bereichen zu entwickeln, die vielleicht so weit in die Zukunft reichen wie Butlers These von damals. Dank zukunftsorientierter Wissenschaftler, die den Mut haben, neue Gebiete zu erforschen, können wir unseren Thinktank weiterentwickeln.

Ann Kathrin Linsenhoff bringt in ihrem Beitrag die Problematik der Zukunftsforschung auf den Punkt. Sie zeigt, dass Menschen immer versucht haben, die Zukunft vorauszusagen. Am Beispiel des drahtlosen Kommunizierens, einer Vision aus dem Jahr 1912, führt sie an, wie realistisch aus heutiger Sicht diese Voraussage war.

Jan Zalasiewicz, der die Arbeitsgruppe „Anthropozän" der **Subcommission on Quaternary Stratigraphy** (SQS) leitet, ein Gremium der International Commission on Stratigraphy (ICS), der größten wissenschaftlichen Organisation innerhalb der International Union of Geological Sciences (IUGS). Zalasiewicz ist einer der führenden Wissenschaftler, die sich für die Etablierung des Anthropozäns als Zeitalter einsetzen. Als Paläontologe geht er auf die geologische Entwicklung des Anthropozäns ein.

Während die kulturpolitische Auffassung den Beginn des Anthropozäns am wissenschaftlichen und ökonomischen Fortschritt festmacht, hat das Anthropozän für die Geologen erst vor ca. 70 Jahren begonnen, als menschengemachte Mineralien in den biologischen Kreislauf eingetreten sind. Zalasiewicz führt uns in seinem Beitrag bildlich vor Augen, was die Menschheit mit der Erde macht. Allein die Tatsache, dass der Mensch aus 5.000 natürlichen Mineralien 170.000 Mineralien künstlich erzeugt hat, zeigt den drastischen Einfluss des Menschen auf die Erde. Dieser Einfluss ist, wie Zalasiewicz beleuchtet, in den veränderten Gesteinsschichten dokumentiert.

Der ehemalige Exekutivdirektor des Umweltprogramms der Vereinten Nationen (UNEP) **Klaus Töpfer** hat sich bereit erklärt, mit uns ein Interview zum Thema Anthropozän zu führen. Darin präzisiert er die Herausforderung des Anthropozäns, indem er feststellt, dass der Mensch immer schneller und kurzfristiger über Dinge entscheidet, die immer längere Folgen haben. Für ihn steht deshalb die Frage im Vordergrund, wie wir Gesellschaften dieser Welt gestalten werden.

Den Impuls, das Anthropozän aus der kulturellen Perspektive zu erforschen, haben wir **Bernd Scherer** zu verdanken. Scherers Aussagen „Menschheitsgeschichte wird Erdgeschichte" und „An die Stelle der Historiker treten die Geologen" veranschaulichen, wie fundamental unsere bisherigen Strukturen transformiert werden, und verdeutlichen dadurch, mit welcher Dringlichkeit das Anthropozän von unterschiedlichsten Disziplinen her betrachtet werden muss.

Scherer plädiert zudem für ein Forum als den Ort, an dem sich die Gesellschaft über sich selbst verständigt und dabei eine gemeinsame Sicht der Welt entwickelt. Dabei müsse man drei Aspekte beachten: 1) dass die Dinge (natürliche oder von uns geschaffene) als Akteure – ebenfalls in dem Forum – zu sehen sind und nicht als unendliche Ressourcen; 2) dass in dem Forum bzw. den Foren alle Gesellschaften vertreten sein müssen; 3) dass das Wissen über die Natur der gesamten Gesellschaft zur Verfügung stehen müsse und nicht nur einer Experten-Community, da alle davon betroffen sind.

Manfred Pohl gelingt es, an die Kriterien des Anthropozäns seine Theorie des Neurotheismus anzuknüpfen. Denn es erfordere eine Kulturrevolution, damit sich in der Grundhaltung der Menschen etwas ändern könne. Nach dem Holozän sei demnach die neue kulturelle Epoche, das Anthropozän, eingetreten. Entwicklungen, die darauf hindeuten, seien das Ende des Ptolemäischen Systems durch Kopernikus und später vor allem Darwins Evolutionstheorie.

Nachdem die Basis für das neue Erdzeitalter Anthropozän geschaffen wurde, seien neue Definitionen erforderlich. Vor allem der Stellenwert von Religion und Kultur müsse neu definiert werden, da diese verantwortlich für die Uneinigkeit in der Welt seien.

Schließlich diskutieren **Jan Zalasiewicz** und **Bernd Scherer,** moderiert von **Joachim Müller-Jung,** welche Problematiken im Anthropozän auftreten und wie man diese lösen kann. So eröffnet zum Beispiel die gesellschaftliche Diskussion um das neue Erdzeitalter Anthropozän den Geo- und anderen Wissenschaften eine völlig neue Dimension, mit der sie zunächst zurechtkommen müssen.

Wie sinnvoll sind Zukunftsprognosen?

Ann Kathrin Linsenhoff

Wir sind nur gemeinsam stark. Man ist gemeinsam stark in einer Familie und auf dieser Erde. Wir sind alle Menschen, und diese Menschen können etwas verändern oder in die richtige Richtung bringen. Befasst man sich genauer mit diesem Thema, wird man auch häufig auf Robert Cartmill stoßen. Cartmill ist ein amerikanischer Publizist, der in seiner Arbeit untersucht hat, welchen Wert eigentlich Zukunftsvorhersagen haben und welche Qualität Prognosen von Zukunftsforschern zuerkannt worden ist.

Cartmill schaute sich an, was die Menschen um das Jahr 1900 dachten, wie das Jahr 2000 werden würde. Er analysierte hunderte Voraussagen und befasste sich mit zahlreichen Prognosen. Das Ergebnis hat zwar keiner genau getroffen, aber so ganz verkehrt lagen die damaligen Prognosen auch nicht. Es gab da beispielsweise John E. Watkins (1852–1903), einen Eisenbahningenieur und späteren Museumskurator, der seine Prognosen im „Ladies' Home Journal" veröffentlichte. Hier verfasste er 1901 seinen berühmten Artikel, wie er die Welt in 100 Jahren sieht. Unter anderem prognostizierte er die Entwicklung von Fernsehern und Mobiltelefonen. Außerdem sagte er voraus, dass das Essen künftig konserviert und tiefgefroren wird. Alles waren sehr treffende Vorhersagen.

Ein anderes treffendes Beispiel ist die Vorhersage in einem Sammelband von 1912, in dem bereits sehr genaue Blicke in die Zukunft geworfen wurden. Zum Beispiel wurde darin die drahtlose Kommunikation beschrieben:

„Die Bürger der drahtlosen Zeit werden überall mit ihrem Empfänger herumgehen, der irgendwo im Hut oder anderswo angebracht ist. Monarchen, Kanzler, Diplomaten, Bankiers, Beamte und Direktoren werden Geschäfte erledigen und ihre Unterschriften geben können, wo immer sie sind, und sie werden eine legale Versammlung abhalten, wenn einer auf der Höhe des Himalayas oder der andere an einem Badeort ist.“[1]

Tatsächlich kann man heute nicht nur vom Himalaya aus munter konferieren, sondern sogar die Steuererklärung online abwickeln und Fotos vom Abendessen überall herumschicken. Das haben aber die meisten nicht so kommen sehen.

Das ist das Wesen der Zukunftsforschung: Man erkennt den Trend, die Technologie, aber man kann auch sehr danebenliegen. Obwohl die Forscher oft danebenliegen, wollen wir es immer wieder von ihnen hören. Das ist die Krux bei der Zukunftsforschung: Wir wollen, dass es jemanden gibt, der scharfsinnig vorhersagt, wohin die Welt steuert. Aber zugleich wollen wir auch gern hören, dass die Welt schöner, moderner, nachhaltiger und friedlicher wird. Mehr noch wollen wir hören, dass alles so bleibt, wie es ist, aber nur ein bisschen besser.

1 Brehmer, Arthur (Hrsg.): Die Welt in 100 Jahren. Berlin 1910.

Über unangenehme Fragen nachdenken

Was wir allerdings nicht so gern hören wollen, ist die Frage danach, welche unabwendbaren Folgen oder auch Schäden wir, also unsere Spezies, der Natur und der Erde zufügen. Wir übersehen leicht, wie sehr der Mensch bereits seinen Stempel auf nahezu alles gedrückt und wie sehr sich der Mensch die Erde tatsächlich untertan gemacht hat. Die Frage ist längst nicht mehr, ob der Mensch ein Lebewesen unter vielen ist, sondern ob der Mensch die Erde wirklich so langfristig und nachhaltig transformiert hat. Man muss sich also die Frage stellen, ob unsere Erdepoche in ein neues biologisches Zeitalter umbenannt werden muss: in das Zeitalter des Anthropozäns. Das ist die entscheidende Frage, mit der man sich beschäftigen muss. Das ist der Kernpunkt.

Der Zukunftsrat hat sich zusammen mit vielen sehr intelligenten und klugen Leuten diesem hochbrisanten Thema gestellt. Passenderweise fand der Jahresempfang 2017 auf dem Gestüt „Schafhof" statt, umgeben von Tieren, die uns maßgeblich beim Umbau der Welt geholfen haben. Ich finde, es gibt wohl kein anderes Tier, das so viel zu der Entwicklung der Menschheit beigetragen hat wie das Pferd.

Was ist ein Pferd?

Das Pferd war und ist Zugtier, Lasttier und natürlich auch Reittier. Es hat dem Menschen maßgeblich geholfen, seine räumlichen und zeitlichen Grenzen auszudehnen. Mit der Kraft der Pferde konnte die Land- und Waldwirtschaft intensiviert werden. Auf dem Rücken der Pferde gelang es, in fremde, abgelegene Regionen zu kommen. Heute – und das kann man auf dem Gelände des Schafhofs erleben – sind Pferde immer noch bestens geeignet, um eine enge Beziehung zwischen Mensch und Tier zu pflegen.

Viele fragen sich sicherlich: Pferde, schön und gut, aber warum heißt das Gestüt eigentlich „Schafhof"? Der Schafhof hat in Kronberg eine jahrhundertealte Tradition. Seit dem Mittelalter wurden hier Schafe gehalten. Es waren ab dem 17. Jahrhundert sogar mehrere Tausend. Erst im 19. Jahrhundert, unter der Verwaltung des Herzogtums Nassau, verließen die Schafe das Gelände, und später hielten dann die Pferde Einzug. Im vergangenen Jahrhundert ging der Schafhof dann in Familienbesitz über und genau seit 1971 rückte das Pferd in den Mittelpunkt. Meine Familie, die Familie Linsenhoff/Rath lebt hier in der dritten Generation auf dem Hof. Der Schafhof ist vor allem Familiensitz, aber natürlich auch Trainings- und Ausbildungsstätte, Gestüt für Dressurpferde und Ausrichtungsort von internationalen und nationalen Turnieren. Mittlerweile hat man hier schon drei Europameisterschaften ausrichten können. Die lange Tradition wird also fortgesetzt – eine lange Tradition des wunderbaren Miteinanders von Mensch und Pferd.

Der Einfluss des Menschen

Wenn die Menschen die Erde, wie die Experten natürlich sagen, in einem geologischen Sinne umgebaut haben, dann stehen auf dem Schafhof seine engsten Verbündeten und Komplizen bei diesem Werk. Hierbei war der Mensch im Positiven wie im Negativen immer die treibende Kraft. Darin liegt wohl auch der Ausgangspunkt für eine spannende Diskussion: Hat der Mensch der Erde seinen Stempel auch im geologischen Sinne aufgedrückt?

Die Hinweise dafür sind unübersehbar. Der Bergbau ist ein untrügliches Zeichen. Die Erde hat sich unzweifelhaft deutlich erwärmt, die Gletscher schmelzen, der Meeresspiegel steigt, und die Ozeane sind übersäuert. In der Tat gibt es hierbei primär einen, der als Verursacher in Frage kommt, und das ist der Mensch.

Zur Ehrenrettung des Menschen sei gesagt: Die Erdplatten verschieben sich noch immer ohne unser Zutun, und das schafft noch nicht mal ein tüchtiges Pferd. Auch kann der Mensch keinen Vulkan zum Ausbruch bringen, und die Sonne steht auch noch nicht unter unserer Kontrolle. Damit ist man wieder mittendrin in einer spannenden Diskussion: Soll der Mensch als Verursacher eines geologischen Zeitalters verewigt werden? Oder ist sein Beitrag noch viel zu gering und zu bedeutungslos, um in der Milliarden Jahre alten Erdgeschichte eine größere Rolle zu spielen?

Die Frage, die allerdings überall besteht, ist: Was bedeutet das für die zukünftige Entwicklung unseres Planeten? Antoine de Saint-Exupéry hat in seinem Buch „Die Stadt in der Wüste" 1948 geschrieben: „Zukunft soll man nicht vorhersagen wollen, Zukunft soll man möglich machen." Darin sehe ich zum einen eine Verpflichtung und zum anderen auch den Ausgangspunkt für die Diskussion.

Bezüglich des Anthropozän-Denkens wurde in letzter Zeit oft Kritik laut. Diese Kritik ging insbesondere von den Personen aus, die das Anthropozän-Denken vielleicht als Ausdruck einer menschlichen Überheblichkeit sehen. Es wäre aber eher überheblich, wenn man sich nicht mit den Folgen unseres Tuns beschäftigen würde.

Professor Jan Zalasiewicz hat mal in einem Interview gesagt, dass wir Menschen das absolut dominierende Raubtier auf dem Planeten Erde sind und uns wie Besitzer verhalten. Ich hoffe, dass wir in den folgenden Beiträgen Ansätze und Handlungsvorschläge erfahren werden, wie wir uns zähmen und mit Demut und Respekt dem begegnen, was wir als Schöpfung bezeichnen.

Mit Zuversicht in die Zukunft

Jetzt noch mal ganz kurz zurück zum Pferd: Im Jahr 1889 kam es zur ersten Internationalen Stadtplanungskonferenz in New York. Pferdemist war hier das Hauptthema. Kurz vor der Jahrhundertwende waren Pferde noch der Motor des urbanen Lebens. Sie zogen die Straßenbahnen, die Kutschen und Transportwagen. Sie waren eben unverzichtbar. Aber das Problem war: Sie hinterließen überall Pferdeäpfel. Allein in Manhattan gab es rund 100.000 Pferde, die täglich schätzungsweise 1.200 Tonnen Mist auf die Straßen fallen ließen.

Dieser Umstand stürzte die Forscher und Stadtplaner in nahezu apokalyptische Visionen. Sie gingen davon aus, dass es in den Städten der Welt immer mehr Menschen geben wird, dadurch immer mehr Pferde und damit immer mehr Pferdemist. Das wiederum wäre ein idealer Nährboden für Bakterien und Seuchen. Diese Bakterien und Seuchen würden sich ausbreiten und die Menschheit verhindern. Die Zukunftsforscher sagten das Ende der Menschheit wegen Pferdemist voraus! Das waren in der Tat recht düstere Aussichten. Dank Elektrizität und Verbrennungsmotor sind diese Visionen allerdings nie Realität geworden. Der Mensch hat eben Lösungen dafür gefunden. Deshalb sollte man auch heute sehr zuversichtlich sein, dass Lösungen gefunden werden.

The Anthropocene: a geological Perspective

Jan Zalasiewicz

As a geologist I spend my life in detail working with rocks. That means working with how the Earth has developed, and how it still works right now. One of the ways we do this is by dealing with time, and because of this we have far too many 'ologies' in geology and this is because we have far too much time. We have to deal with four and a half thousand million years of time. That is about a third of the age of the universe. The only way we can cope with this amount of time, without going completely crazy, is to divide it up formally, bureaucratically into a limited number of dynasties that we call epochs, periods and eras. We use this system as a means of navigation through Earth history.

So, in this long history, we have the Jurassic Period, the Carboniferous Period, and others, and we are now right there at the very top of that four and a half thousand million years. Within this, we are within something called the Phanerozoic Eon, which is a very big unit: the last half billion years, which started when worms, snails, centipedes and other organisms first appeared. Within that eon, we are in the Cenozoic Era. It started 65 million years ago when the dinosaurs suddenly died out and modern life, sometimes called the 'Age of Mammals', began. Within that era, we are in a smaller unit of time called the Quaternary Period, which started two and a half million years ago when the great northern ice ages began. Within this peroid we are at the end of a succession of frequent changes from glacial to interglacial conditions. We are within something called the Holocene Epoch, the last 11,000 years, a time of warmth and stability, which humans and human civilization have developed. This is still where we are presently. The question is: Are we really in something different, and should that reality be reflected in being, bureaucratically and formally, within a different and new time interval that we have created?

It would look something like this: We would still be within the Quaternary Period, the Cenozoic Era and the Phanerozoic Eon, but the Holocene, the epoch, the smallest unit, would have finished. On top of this we would have something called the Anthropocene. That again has been nicely introduced as the subject for debate. It is an old idea. It has been around almost since the beginning of organised geology. This was through Georges-Louis Leclerc, the Comte de Buffon, who wrote the first geological textbook, the first scientific history of the Earth, “Les Époques de la Nature”, and he defined seven epochs within that . The whole Earth history of 75,000 years. The seventh epoch, his last one, was ‘when the power of humans assisted that of nature’. Buffon was an optimist. After him there came other versions of the same idea that humans were affecting the Earth and its history, by people including George Perkins Marsh. They had these ideas at various times. My colleagues and fellow geologists, almost all of them said in response to that: nonsense. They said that because the Earth is very big and very old, it has seen enormous changes, such as the growth of oceans and continents. Geologists such as Edward Berry said that the idea humans could change the Earth's geology is a false assumption, saying that it is wrong in principle, that it is medieval science. When I was studying, certainly almost all my colleagues thought so ... and a number of them still do.

But over the past 20 to 30 years it has been realised that human impact may be equivalent to some of the big impacts of geology. This became clear in the year 2000. Paul Crutzen, an atmospheric chemist who won the Nobel prize for his work on the ozone layer, became irritated at a meeting in Mexico due to so many people referring to change in the Holocene, that he said 'Stop! – It is not the Holocene any longer; it has changed, we are in, and he thought and he improvised a word, the Anthropocene'. And that's when the word took off. People took notice, and began to use the word by publishing it frequently. Geologists were very slow to catch on because they are slow and conservative by nature and do not like change in the geological time scale, because it should be used across the world and across generations. So it is purposely conservative. Nonetheless, we saw that that word was being used as a time unit even though it had gone through none of the formality and none of the bureaucracy that setting up a geological time unit entails. So we had to do something with it. Do we say it is nonsense or do we say that there might be something worth studying here as geology, something to go on the geological time scale? The latter would be a very, very big step for geologists.

So we raise the question: are we living in the Anthropocene? Perhaps. We are invited to study it formally as part of the International Commission on Stratigraphy, the body that looks after the geological time scale and that allows change to it. So, we have got to work, hardly knowing where to begin, with a completely new geological concept on that question. So we gathered evidence, and published many papers – kilograms of papers and books – trying to put the evidence together and to address the question: is there or isn't there a new geological epoch in which we are all living? More kilograms of books, and more papers, recently summarised some of the arguments to say that the Earth might really have changed. So this is really in the next few thoughts where the case for the prosecution of the Anthropocene will be made. How do we study it, the geology that humans have made? Well, we take history, environmental studies, biology and oceanography and translate these into geology. Particularly into something called stratigraphy, the science of Earth history. In essence we say that over thousands of years of the Holocene, the Earth has been stable. Humans have changed, but the atmosphere has stayed the same, sea level has stayed the same, and the Earth's climate has stayed the same as well. Then came the Industrial Revolution: that was the time when things might have started to change. Then we thought some more. The Industrial Revolution is slow. It was complicated. We looked closely and saw that the mid-twentieth century showed the biggest changes – we will talk more about these here. So, only 70 years ago the really big changes started, and after a slow beginning in the middle of the century, the world, the economy, population, industrialisation, globalisation took off, and it is then, really, that the very big changes started to take place. So we think now that the Anthropocene started with the 'Great Acceleration' about 70 years ago: geologically, that is when it started.

So let's start with the basics of geology. Rocks are made of minerals. Have humans changed minerals? And again, we take the context which is huge in terms of time. In fact, we start before the Earth's beginning. If you go into outer space, the minerals are very dull. There are about a dozen of them – carbides, nitrites, diamond and so on. When a planet forms and its chemistry is stretched out into new compounds, more minerals form. Before the Earth formed, there were in the solar system about 250 minerals. They formed a planet four and a half billion years ago, on top of which a couple of thousand minerals grew, forming the rocks beneath the oceans and on the continents. They bring in life, which brings in oxygen, and then for every mineral an oxide and a hydroxide form, and the number of minerals jumps up to about 5,000 natural minerals – and for the next two and a half billion years almost nothing changed. The number of minerals stayed like that, rising very slightly. And the question now is, have we changed the history of the minerals of the Earth? One way we have made changes is, firstly, by creating pure metals. Mother Nature does not like pure metals, but humans can make them commonly and in large amounts. Aluminium was barely present on Earth until about 1940 or 1950. Since then we have made 500 million tons of aluminium on Earth. How much is 500 million tons? It is enough to coat all of North America in standard aluminium kitchen foil. And yet more new minerals: synthetic rubies, boron nitride (which is harder than diamond): all the things materials chemists make.

The ballpoint pen that is in my pocket right now has a ball of tungsten carbide, which is another new mineral made by humans. Carbon fibre, graphene – all these are new synthetic compounds, while glass is a mineraloid and plastic is another kind of mineraloid. How much plastic is there? Well, we know now, it is not just out in the waste bins and in the plastic-filled landfill sites. Plastic has spread out across all of the oceans and has settled in ocean floor sediments far from land. It has gone into the biological cycle. It has been absorbed by plankton, which is eaten by fish, which is eaten by us. So plastic is now part of geology, being present in large amounts. Again, almost none existed before 1950, and then we have grown out to make 300 million tons a year: in total about nine billion tons. Nine billion tons is more than enough to wrap the whole world in a layer of cling film (that is a picture of average Earth in terms of plastic). So, it is present in geological amounts. So with all of these changes, at the end of this long history, we have created a new spike of minerals. How big is that spike? We drew a diagram by hazarding a guess, as we had no idea. A couple of weeks ago a new paper came out, which meant we had to redraw the diagram, showing where we were before humans, to where we are now. So from 5,000 natural minerals we now have 170,000 'minerals' made in our factories and laboratories by our chemists. There has been a huge expansion of mineral types in the Anthropocene.

What does that do to rocks, which minerals are made of? Take concrete: again, it is a signature of the way we construct our lives. How much concrete is there, that we have made? The concrete manufacture started before 1950 in small amounts. It grew to a total of 500 billion tons. How much is 500 billion? It is about a kilogram for every square metre of the Earth, or you can make a replica of the Earth, full size, full scale, about two millimetres thick with that concrete: it is a new stratum. There are bricks as well: about a trillion made every year. Rocks form strata. What are those new strata like? Again, we shape sediment into different shapes, and these form a kind of new geology, so we have new geological strata, sometimes centimetres thick, sometimes metres, sometimes ten, at times hundreds of metres thick. Or we make a kind of reverse structure: we dig very large holes in the ground, and we can burrow underground, up to five, ten kilometres below the surface with our mines and boreholes. So that is the rock signal. Then there is the chemistry of rocks that we call chemostratigraphy. That is pollution in one sense, and geology in another. Another chemical signal is seen in carbon dioxide rising. That is a result of industry, with atmospheric levels going up from the 1950s to the present by about a third. That is history, and also geology. We can see the history of carbon dioxide in ice in Antarctica and Greenland, so we have a deep time context to work with. Again, one of these graphs shows just half a million years of history, with carbon dioxide going repeatedly up and down, and with global temperature going up and down at the same time. We can look at where we are now at, on a scale that is more meaningful for the Anthropocene. So if we take the last 10,000 years we can illustrate this with a horizontal line, representing nearly all of that time.

Then, we go from a horizontal evolution to a vertical evolution of carbon dioxide levels, as the amount of this gas in the atmosphere rises steeply. This represents the Anthropocene because with that vertical evolution of carbon dioxide comes energy, and that energy has driven everything else we as humans have done on Earth. Firstly, temperature is just beginning to go up, and at the moment, geologically, this is one of the smaller parts of the Anthropocene, but it is growing. One of the effects, of course, is that it is warming the world, melting ice – visibly in Greenland and Antarctica, and sea levels now start creeping up. Again, geologically, this effect is still tiny: tens of centimetres in a century, three millimetres a year. This is still an incipient for geological change. But this change is already here as geology in another form. You burn carbon, you produce smoke. Smoke is made of particles of unburnt carbon, which are almost indestructible and fall all over the Earth – into lakes, into the sea, into the soil, and here you can measure where the smoke begins to fall. The Earth, thus, has been geologically 'smoked' from about 1950 and the Great Acceleration.

Other things: nitrogen and phosphorus, which are needed to grow all the food consumed by people. This growth of nitrogen is history because of economics and agriculture, and this in turn has created geology in lakes: far from industry and agriculture, in the lake strata there is a signal that geologists can understand: that the world's chemistry has been changed. And another by-product of that change is the change of the ocean sediments through fertiliser pouring off into the sea and creating plankton which grow and die and which use up oxygen in the water, subsequently suffocating and killing sea floor animals over about 250,000 square kilometres of the sea around the world. And yet another signal, easy to see with the right machines, is the radionuclides, which, again, from about 1950, have contaminated us and all the sediments in the strata around the world.

Palaeontologists trace fossils, such as the record of a creature crawling across the sea floor 500 million years ago. This is the equivalent of a human footprint. Here's another one, it's one of my favourites. It's a little nest built by a wasp a million years ago on the island of Tenerife. It's called Shanghai, a biologically built structure, but huge and made of rocks. We can call it the urban stratum – it's very, very big, and it extends farther out in different patterns onto the farming landscape. It's a new kind of stratum, built by our human biology. There are also body fossils, standard fossils, such as dinosaurs and trilobites: we use those to measure the history of the Earth. Another diagram can show 600 million years of Earth history, with life increasing in good times, and decreasing in bad times. It's another big downward trend that is starting. There have been extinctions: the poor dodo, the Yangtze dolphin, extinct, probably three, five years ago. The Costa Rican golden toad, discovered in 1964, extinct about 1995.

So there is a question here: do we already have a mass extinction that's a geological trace of humans? Certainly, extinction rates are rising, and the last hundred years or so have seen an upturn in extinctions in all animal groups, but we are not at a major mass extinction event yet. So if we look at all the main animal groups, there are still relatively few extinctions, but many species are now in very small numbers and critically endangered. With business as usual, the prognosis is that in two to three hundred years the Earth will move into a proper mass extinction event. But what we have already is a mass invasion of biology across the Earth. But other biological changes have taken place. One invader from Spain is the rabbit, which is now in Britain, Australia, and on other continents, and thriving. Another invader may be exemplified by my cat, controlling the ecology of the back garden it roams in, and joined by about 500 billion other domestic cats around the Earth, all doing very well. Rats, of course, are another species doing very well around the Earth. Here is another invader: the zebra mussel from Russia, going into North America and also doing very well very quickly. Such invasions are transforming the biology of the Earth, and this transformation has already happened. So this is present biology, which will give rise to future biology and future palaeontology. In many parts of the world the number of invasive species is similar to the number of native species. That is unprecedented in global geology.

Humans: we are very big, terribly big. How big? Well, you can count us by weight: of the weight of land animals, we humans make up about a third. Most of the rest of the two-thirds is the animals we keep to eat, three to five percent is all the wild animals of the Earth by mass. Then we have the machines that we make. How big are they? Again, this is another new concept, the idea of the technosphere, which has joined the biosphere, lithosphere, cryosphere, hydrosphere, as a dynamic system, including us as a part of it and the machines we make as. How big is it? There is a lot to research about the dynamics, but let us just weigh the technosphere as geologists do, very simply. If you weigh the cities and its waste products, the country and its waste products, the waste products in the sea from the roads, railways, the rivers, the dams, it is all together about 30 trillion tons. How much is 30 trillion tons? Well, if you take the average square metre of the Earth, and put on to it a 50-kilogram bag of sediment, that is how much technosphere material we have made. We have in effect created a thick layer on the Earth of all the stuff we have made and thrown away. It is very diverse in composition. Of all the kinds of things we have made, we can create a kind of taxonomy – so, how many things have we made, how many ballpoint pens, tooth brushes, cutlery, bottles, books and all the other things we manufacture? We have no idea, but it is probably getting on for a billion, which is greater than all of the kinds of animal and plant species on Earth. So again, it is a planetary transformation of, to us, very familiar things, which are not familiar to the planet, and which are evolving very, very quickly. Much more quickly than natural biology is evolving. So this is the case for the prosecution: are we living in the Anthropocene? I think it is a question that I should leave for the general discussion, and for Bernd, to explore. Have we as humans broken into something new on Earth? So we finish, of course, with the sunset, an Anthropocene sunset with an aeroplane contrail in the sky. Thanks for your attention for all this rock work!

Das Anthropozän: das von Menschen Gemachte

Prof. Dr. Klaus Töpfer im Gespräch mit Jelena Mitsiadis und Prof. Dr. Manfred Pohl

Jelena Mitsiadis:
Herr Töpfer, was verbinden Sie mit dem Begriff „Anthropozän"?

Klaus Töpfer:
Eine gute Freundschaft zu Paul Crutzen.

Jelena Mitsiadis:
Das heißt: Sie waren von Anfang an mit dabei, als der Begriff „Anthropozän" entstanden ist?

Klaus Töpfer:
Das ist richtig. Paul Crutzen ist mir über viele Jahre ein hochgeachteter wissenschaftlicher Begleiter gewesen. Als ich noch Minister für Umwelt und Gesundheit in Rheinland-Pfalz war, später dann Bundesminister für Umwelt, Naturschutz und Reaktorsicherheit in Bonn, hatte ich mit ihm viele Treffen und Diskussionen. Paul Crutzen war jahrelang Direktor am Max-Planck-Institut für Chemie in Mainz.[1] Wir haben uns in dieser

1 Von 1985 bis 1986 lehrte Klaus Töpfer als Honorarprofessor an der Johannes Gutenberg-Universität in Mainz. Von 1978 bis 1985 war er Staatssekretär im Ministerium für Soziales, Gesundheit und Umwelt des Landes Rheinland-Pfalz. Im Mai 1985 wurde er zum Minister für Umwelt und Gesundheit des Landes Rheinland-Pfalz in der von Bernhardt Vogel geführten Landesregierung. Von 1987 bis 1994 war er

Zeit immer und immer wieder getroffen, um uns über Fragen der Umweltzerstörung und damit zusammenhängende Fragen zu unterhalten, insbesondere wie der Mensch eigentlich darauf einwirkt. Im Jahr 2002 ist von ihm in der Fachzeitschrift „Nature“ der Artikel „The Geology of Mankind“ erschienen, der als Auslöser für die breite Diskussion über die Neuvermessung der Welt gilt.

Jelena Mitsiadis:
Und was verbinden Sie inhaltlich mit dem Begriff „Anthropozän“? Was sind für Sie die wichtigsten Aspekte? Ist das Nachhaltigkeit, und gehört das Verantwortungsbewusstsein des Menschen dazu?

Klaus Töpfer:
Zunächst einmal ist es vielleicht ganz sinnvoll zu betrachten, was Paul Crutzen darunter versteht. Wenn Sie „The Geology of Mankind“ lesen, steht da zum Beispiel drin, „that a daunting task lies ahead of scientists and engineers to guide this society through the area of the Anthropocene“. Und dann kommt etwas sehr Bedeutsames: „That requires appropriate human behaviour.“ Und dann geht es weiter: „It may include also geoengineering on a high scale, for example Climate Engineering.“ Das ist das Faktum.

Was mich daran wirklich bewegt und mich dazu bringt, dieses Thema immer und immer aufzugreifen, ist schlicht und einfach die Tatsache, dass die Menschheit eigentlich in einer Zeit ange-

Bundesumweltminister. Paul Crutzen kam 1978 nach Mainz als Wissenschaftliches Mitglied des Max-Planck-Instituts für Chemie.

kommen ist, in der wirtschaftliche Entwicklungen nur noch darin bestehen, die negativen Konsequenzen vorangegangener wirtschaftlicher Entwicklungen durch Engineering wieder zu beseitigen. Wir sind also in einem Leerlauf von dem, was wir Wachstum oder Entwicklung nennen.

Der Philosoph Hans Jonas hat in seiner Umweltethik „Das Prinzip Verantwortung“[2] eine klare Anforderung an die Wissenschaft gestellt: Wir müssen einen Gleichgang zwischen den Konsequenzen unseres Handelns in Raum und Zeit und den Kenntnissen über diesen Raum und diese Zeit haben. Diese Anforderung ist heute nicht mehr erfüllt. Wir sind in einer Situation, in der unsere Auswirkungen immer langfristiger werden und die möglichen Konsequenzen damit auch. Gleichzeitig sind wir aber in einer Zeit, in der wir wirklich ein Diktat der Kurzfristigkeit haben. Das heißt, wir entscheiden in immer kürzeren Zeiträumen mit immer größerer Geschwindigkeit über Dinge, die immer längere Auswirkungen haben. Das ist für mich die Herausforderung des Anthropozäns.

Jelena Mitsiadis:
Die Beschleunigung und die Geschwindigkeit, mit der Prozesse ablaufen, spielen demnach eine gewaltige Rolle. Ist die heutige Politik in der Lage, diese Herausforderungen zu bewäl-

2 Das Hauptwerk von Hans Jonas (1903–1993) „Das Prinzip Verantwortung“ erschien 1979 und stellt den Versuch einer Ethik für die technologische Zivilisation dar. Er versuchte in diesem Werk, den verantwortungsethischen Ansatz auch für konkrete Anwendungsfelder wie die Ökologie, die Medizin und insbesondere die Biomedizin zu präzisieren.

tigen? Wie muss sich die Weltpolitik verändern? Muss sie sich überhaupt verändern?

Klaus Töpfer:
Ich frage mich zunächst, welche Strukturen wir denn gegenwärtig in der Politik haben und worüber wir entscheiden. Ich weiß nicht, ob Sie den Essay des Berliner Politikwissenschaftlers Herfried Münkler im „Spiegel" im Juli 2012 gelesen haben. Überschrift: „Die rasenden Politiker", Untertitel: „Vom absehbaren Ende der parlamentarischen Demokratie".[3] Er führt dort genau dieselbe Argumentation an, die ich gerade versucht habe darzustellen: dass die Entscheidungsstrukturen immer kurzfristiger werden, so dass eigentlich eine Debatte über Alternativen in Parlamenten gar nicht mehr stattfindet.

Und genau das ist doch die Frage: Wie kriegen wir denn eigentlich diese Beschleunigung im Entscheiden mit der Verbindung der Langfristigkeit der Folgen unserer Entscheidungen in Einklang mit einer Staatsform? Die Staatsform braucht hierbei eigentlich Zeit, um Alternativen zu entwickeln. In dieser Zeit merkt der Mensch allerdings auch immer stärker, dass diese Alternativen ja eigentlich gar nicht da sind.

Hannah Arendt hat einmal den schönen Satz gesagt: Entscheiden können/Anfangen können ist der Keim der Freiheit. Das heißt, je kurzfristiger wir werden, umso unfreier sind wir ganz offensichtlich. Und umso weniger sind wir in der Lage, auch

3 Münkler, Herfried: Die rasenden Politiker. Vom absehbaren Ende der parlamentarischen Demokratie, in: Der Spiegel 29/2012 (www.spiegel.de/spiegel/print/d-87347252.html).

durch eigenes politisches Mittun Veränderung herbeizuführen. Deswegen kommt natürlich immer wieder die Frage auf: Wie können wir es erreichen, dass Alternativen wiederaufgebaut werden?

Zu Recht ist darauf hingewiesen worden, was der große Durchbruch, der große Erfolg der Nichtregierungsorganisation, der Umweltbewegung, immer gewesen ist: Sie haben bisher als Sachzwänge Angesehenes wieder zu politischen Entscheidungsfragen geführt.

2011 erschienen im „Time Magazine" mehrere Artikel unter der Überschrift „Zehn Ideen, die das Leben verändern".[4] Auch mit Blick auf das Anthropozän stand sehr Sinnvolles in diesen Artikeln.

Einer der Beiträge im „Time Magazine" ist überschrieben mit: „Nature is over". Gibt es noch „Nature", oder ist „Nature" gar nicht mehr da? Es ist keine mehr da. Sie ist nur noch das, was der Mensch erlaubt, Natur zu sein. Wir nehmen sie also voll und ganz in Anspruch. Es gibt ja auch nicht so etwas wie Naturkatastrophen. Die Natur kennt überhaupt keine Katastrophe, sondern sie wird ja dann zur Katastrophe, wenn sie etwas für den Menschen Relevantes zerstört. Das heißt, „Naturkatastrophe" ist ein anthropozentrischer Begriff. Und wir sehen, dass sich die Einflüsse immer stärker überlappen. Ist ein Hochwasser eines Flusses von der Natur hervorgerufen – oder ist es menschengemacht, nachdem der Mensch den Fluss

4 10 Ideas Changing the World Right Now, in: Time Magazine, Mar. 23, 2009.

vorher begradigt oder diesem Augebiete weggenommen hat? Ein Jahrhunderthochwasser ist heute etwas anderes, als es ein Jahrhunderthochwasser vor hundert Jahren war.

Diese Fragen sind es, die ich mit dem Begriff „Anthropozän“ in hohem Maße verbinde. Die Beschäftigung mit diesen Fragen, die wir in der aktuellen Politik wiederfinden, ist bei Weitem nicht abgeschlossen. Herr Trump ist zwar nach wie vor der Meinung, dass der Mensch keine Auswirkungen auf den Klimawandel hat. Er wird natürlich sagen, dass das Klima selbst sich ändert. Und er wird sich auch fragen: Gibt es Möglichkeiten, gegen sich ändernde klimatische Bedingungen vorzugehen? Da wird er Climate-Engineering machen.

In dem von mir gegründeten Institute for Advanced Sustainability Studies haben wir eine große Konferenz organisiert. Das war eine bemerkenswerte Konferenz. Die haben wir nicht gemacht, nur um noch eine Konferenz zu haben, sondern damit wir wissen, was gedacht wird und welche Konsequenzen dieses Denken hat. Insofern ist das Anthropozän schon eine nicht abstrakte akademische Denkfigur.

Jelena Mitsiadis:
Sie waren von 1998 bis 2006 bei den Vereinten Nationen tätig. Wie sehen Sie die Rolle der Vereinten Nationen bei der Behandlung des Anthropozäns?

Klaus Töpfer:
Die Vereinten Nationen sind im Augenblick in einer ganz besonders herausfordernden Umbruchphase. Erstens wurde im

Jahr 2015 die Agenda bis 2030 mit den 17 SDGs (Sustainable Development Goals) verabschiedet, und 2016 trat das Pariser Klimaabkommen, die Agenda der COP 21[5], in Kraft. Die SDGs gelten eben nicht wie die MDGs (Millenium Development Goals) nur für die Entwicklungsländer, sondern sie sind globale Ziele. So etwas hat es für die Vereinten Nationen bisher nie gegeben.

Die UN muss sich massiv verändern. Ich war Co-Vorsitzender eines Independent Teams und wir erörterten zusammen mit ECOSOC (Economic and Social Council) in New York die Frage: Wie muss sich denn die Struktur verändern, damit diese Aufgaben nicht von der UN gemacht, sondern von ihr begleitet werden, indem sie andere herausfordert und auch unterstützt?

Zweitens wird diese Diskussion jetzt noch in besonderer Weise dadurch verstärkt, dass wir einen neuen Generalsekretär haben. Auf den Diplomaten Ban Ki-moon folgt António Guterres, ein als ehemaliger Ministerpräsident von Portugal hoch erfahrener, politisch außerordentlich kenntnisreicher Mann. Wir arbeiten jetzt wiederum sehr eng zusammen, um zu sehen, inwieweit die Ergebnisse des Independent Team of Advisors (ITA) auch realisiert werden können.

Und dazu kommt drittens eine massive Veränderung der geopolitischen Lage. Es gibt jetzt in Amerika einen Präsidenten, der dies alles als eine Schwatzbude bezeichnet. Wir haben das leider an anderer Stelle schon mal vor Jahrzehnten gehabt und

5 COP 21: United Nations Framework Convention on Climate Change, 21st Conference of the Parties, Paris 2015.

nicht in guter Erinnerung. Wir wurden bezichtigt, uns nur zu treffen, schöne Feiern zu machen, zu jubeln und zu trubeln und gut zu essen und zu trinken. Dieser Präsident hat erst einmal gesagt, wir wollen zuerst alles halbieren, was wir da finanziert haben. Aber das wäre es noch nicht mal, was mich in besonderer Weise irritieren würde. Das haben wir früher schon einmal bei US-Präsident George Bush gehabt, und das wird wohl in rhythmischen Schwankungen wiederkommen. Besorgniserregend ist hier etwas anderes: Dies ist kein Einzelfall. Mit der Renationalisierung von Politik findet ein massiver Vertrauensabbruch an der Demokratie weltweit statt. Demokratie hat ihre Strahlkraft verloren. Da muss man sich fragen, ob wir nicht auch alle daran mitgearbeitet haben, bis hin zu dem, was wir machen. Ob wir eine Sprache sprechen, die draußen keiner kennt.

Es interessiert mich, wie wir diese sich weitende Kluft zwischen wissenschaftlichen, sonstigen Eliten und den Menschen wieder schließen können. Wir haben doch eine massive Vertrauenskrise die Wissenschaft betreffend. Diese Vertrauenskrise ist doch nicht zu übersehen. Es gibt nicht mehr *die* Wissenschaft, sondern es gibt vielmehr Wissenschaft*en*. Als alter Schüler von Popper kann ich sagen, das wäre ja auch noch schöner, wenn es nicht so wäre. Popper hat uns immer gesagt, es geht darum, dass wir nicht verifizieren, sondern alles dransetzen, um vorhandenes Wissen zu falsifizieren. Wenn Sie so wollen, entpuppe ich mich also als kritischer Rationalist mit Hans Albert und anderen, die in Deutschland darüber gearbeitet haben. Und das habe ich mir auch angewöhnt, in mein politisches Denken und Handeln mit hineinzunehmen.[6]

Manfred Pohl:
Diese Generation der Schüler des Philosophen Karl Popper geht aber auch zu Ende. Das ist doch auch das Problem.

Klaus Töpfer:
Karl Popper hat ja gesagt, wenn du nur noch verifizieren willst, bist du Ideologe, dann bist du postfaktisch, ist doch gar keine Frage. Wir haben die kognitive Dissonanz ja nicht erst jetzt erfunden. Das ist diesbezüglich das einzige Gesetz, das ich als Gesetz ansehe. Das bedeutet, dass der Mensch offenbar nur die Informationen wahrnimmt, die in sein vorgefasstes Weltbild und seine Struktur hineinpassen. Wenn das nicht der Fall ist, wird es sehr schwierig sein, Informationen überhaupt zu ihm durchdringen zu lassen.

Und dann kann man sich darüber unterhalten, wie es mit der Toleranz in der Wissenschaft aussieht. Das ist ein spannendes Thema. Ich habe die Freude gehabt, dass mir 2009 der Toleranzpreis der Europäischen Akademie der Wissenschaften und Künste verliehen wurde. Ich habe mich dort darüber einigermaßen auslassen dürfen, und ich fand es, je mehr man hinein-

6 Sir Karl Raimund Popper (1902–1994) war ein österreichisch-britischer Philosoph. Er begründete mit seinen Arbeiten zur Erkenntnis- und Wissenschaftstheorie, zur Sozial- und Geschichtsphilosophie und nicht zuletzt auch zur Politischen Philosophie den Kritischen Rationalismus. Hans Albert (*1921) lehrte von 1963 bis 1989 in Mannheim. Er war Professor für Soziologie und Wissenschaftslehre und gilt als Hauptvertreter des Kritischen Rationalismus.

kommt, immer spannender. Theodor Heuss hat mal gesagt, Toleranz ist ja nicht das Wohlwollen des Beliebigen, sondern es ist ein intellektueller Kraftakt. Es macht doch heute kein Mensch mehr intellektuelle Kraftakte. Toleranz, die wir im Allgemeinen anbieten, stellt Beliebigkeiten dar, die selbst aber keine Position repräsentieren. Wenn ich keine Position habe, kann ich ex definitione nicht tolerant sein. Ich kann ja nur sagen, ich versuche, deine Position zu verstehen, und bitte dich, auch meine zu verstehen. Da kann man möglicherweise auch Überlappungen sehen. Aber es geht ja nicht um Bekehrung, sondern es geht um Verstehen und um duldendes Verstehen. Dies geschieht nicht, weil ich ein guter Mensch bin, sondern weil ich weiß, dass deine Positionen für dich den Wert haben, den meine Position für mich hat.

Manfred Pohl:
Dulden wird dann aber auch ein intellektueller Akt.

Klaus Töpfer:
Ja, natürlich, das sage ich ja. Das wird ein intellektueller Kraftakt. Es ist leider ein bisschen verlorengegangen, dass Toleranz aus der Denkweise „Ach, der ist ein guter Mensch, und der toleriert das ja alles“ hervorgeht. Ein großer Bundeskanzler, Helmut Schmidt, hat zu dem Thema „Wer alles toleriert“ mal den schönen Satz gesagt: „Dem Staat müssen alle Werte gleich gültig sein.“ Das kann man dann auch anders betonen, und das wäre dann genau diese nicht dem gedanklichen Kraftakt entsprechende Toleranzstruktur.

Manfred Pohl:
Wenn man nun weiterdenkt: Wie wird sich das Anthropozän entwickeln? Wir haben auf der einen Seite die Gegenwart, auf der anderen Seite steht natürlich die Zukunft mit den ganzen Zukunftsthemen wie Digitalisierung, Künstliche Intelligenz, aber auch mit der Frage: Wie wird der Mensch Rohstoffe beschaffen, vielleicht auf den Asteroiden oder anderen Sternen oder Himmelskörpern im Weltraum? Die Welt wird sich grundlegend verändern. Glauben Sie, dass der Mensch in dieser Welt, auf dieser Erde, durch seine Verantwortung die Chance hat zu überleben?

Klaus Töpfer:
Die Erde ist eine geologische Größe, die sich nach Gesetzmäßigkeiten und Zufälligkeiten in diesen Gesetzmäßigkeiten verändert. Wir wissen seit Einstein, dass das, was ich vorhin gesagt habe, eben immer nur dazu führt, dass wir Wahrscheinlichkeiten sagen dürfen und können. Wer allwissend ist, ist göttlich. So sind wir erzogen worden. Und: Vollkommene Information bedeutet, niemand tut etwas. Das Unmenschlichste, das es überhaupt gäbe, wäre vollkommene Information für alle. Die Menschheit wäre nicht denkbar. Das heißt, wir sind immer in einer Position der nicht vollkommenen Information. Deswegen müssen wir immer unter dem Gesichtspunkt des Risikos entscheiden.

Diese Erde ändert sich in dem Sinne nicht. Da gibt es ja diesen schönen Scherz: Ein anderer Planet begegnet der Erde, und die macht so ein trauriges Gesicht. Er fragt: „Was ist denn? Du hast so ein trauriges Gesicht, was hast du denn?“ Sie sagt:

„Homo sapiens.“ Und da sagt der andere: „Keine Sorge, das geht vorüber!“

Worum es mir geht, ist die Frage: Wie werden wir Gesellschaften dieser Welt gestalten? Das ist entscheidend.

Mit Ihrer Frage kommen Sie wieder zurück auf Crutzen, auf das Anthropozän. Sie sagen, wir werden die Rohstoffe nutzen und von anderen Sternen, Planeten holen müssen. So sicher bin ich da überhaupt nicht. Ich bin sehr sicher, dass wir in einer ganz anderen Weise substituieren werden. Sie können doch heute schon davon ausgehen, dass Sie Böden, eine der großen, zentralen Ressourcen, brauchen werden, wenn die Population auf neun Milliarden Menschen ansteigt und wir immer weniger ackerbares Land haben. Dies werden wir nach gegenwärtigen Kenntnissen nicht reißen können. Wir werden eine bodenlose Landwirtschaft bekommen. Man kann sie heute schon besichtigen, in Singapur oder an anderen Stellen wie der Urban Agriculture. Auf einmal sehen Sie, dass so etwas, was wir für völlig unsubstituierbar angesehen haben, gar nicht unsubstituierbar ist. Oder wer hätte jemals geglaubt, dass Sand zu einem wertvollen Rohstoff wird?

Hier können Sie sehen, dass wir Kreisläufe ganz anders schließen können, wenn wir das nur wollen. Und die Entwicklung geht ja dahin. Das ist nicht ein technologischer Machbarkeitswahn, sondern es ist ein Hinweis darauf, dass eintretende Engpässe immer wieder zu einer neuen Welle von Veränderungen führen werden.

Die letzte Welle oder eine der wichtigen Veränderungswellen ist, dass so etwas wie die Veränderung von Lebensstilen auch möglich, denkbar sein könnte. Wenn alle auf der Welt unseren westlichen Lebensstil führen würden, wäre es jetzt schon notwendig, auf die anderen Planeten auszuweichen. Aber das ist halt nicht so. Das ist ja ein Faktum.

Ich weiß nicht genau, ob die Rechnung stimmt, aber als ich noch bei der UN war, war es jedenfalls gesetzt: Ein Amerikaner, neu geboren, verbraucht so viele Ressourcen in seiner Lebenszeit wie 50 jetzt neugeborene Inder.

Klar ist: Wir wachsen sicherlich immer mehr in Mittelstandseinkommen hinein. Deshalb brauchen wir so etwas wie „Diet Change". Das würde bedeuten, wir benötigen mehr Fleisch, mehr Milch und mehr weiterverarbeitete, sehr energieintensive, wasserintensive, flächenintensive Produkte. Aber das sind ja alles nicht Gottgegebenheiten. Das sind ja Antworten auf Überflüsse, die wir uns selbst schaffen – und zwar selbst auf Kosten anderer schaffen.

Ich empfehle sehr, mit Blick auf das Anthropozän, die Enzyklika „Laudato si'"[7] von Papst Franziskus durchzulesen. Franziskus führt hierin an, dass in den vergangenen 200 Jahren der Erde mehr angetan worden ist als je zuvor. Ich empfehle das wirklich. Es ist sehr spannend, von welchen Seiten her sich das immer wieder neu aufblättert und immer neue Perspektiven damit bildet.

7 „Laudato si'" ist die Umwelt-Enzyklika von Papst Franziskus, die auf den 24. Mai 2015 datiert ist.

Das Anthropozän haben wir, und es wird sich darstellen als das vom Menschen Gemachte, dass das vom Menschen Gemachte bedeutsamer ist als das, was die Erde aus ihrer Natur ohnedies darstellt.

Ich denke an dieser Stelle an meine Eltern. Bei ihnen war die Reaktion auf Engpässe sehr idealtypisch ausgeprägt. Mein Vater sagte immer: „Not macht erfinderisch", und meine Mutter sagte: „Not lässt beten." Das sind die beiden Möglichkeiten, wie sich Zukunft darstellen lässt. Und daraus ergibt sich sehr vieles, was wir auch damit verbinden werden. Man ist beim Beten sehr nahe dran, sich die Frage zu stellen: Gab es bei Augustinus nicht schon die Frage nach Maß und Mitte? Gibt es nicht so etwas wie Suffizienz als Wert und nicht als Bestrafung? Ist das nicht irgendwo auch eine Reaktion auf Knappheiten, die nicht nur, aber wahrscheinlich auch mit erzwungen werden? Glauben Sie wirklich, wir hätten uns jemals so mit Erneuerbaren Energien beschäftigt, wenn wir die Katastrophen der Kernenergie nicht miterlebt hätten? Und die Tatsache, dass diese Großtechnologien den Menschen wirklich durchgehend alternativlos machen? Bezüglich der Großtechnologien kann man nur vertrauen, dass es gut geht. Man versteht es nicht, und die Welt ist immer komplexer, und man versteht immer weniger. Also müsste man eigentlich immer mehr Vertrauen haben – und jetzt sagen Sie mir bitte mal eine Institution oder eine Person, der die Menschen im Durchschnitt vertrauen.

Manfred Pohl:
Das hätte die UNO sein können.

Jelena Mitsiadis:
Eigentlich ja.

Klaus Töpfer:
Die UNO ist die Zusammensetzung ihrer Mitgliedsstaaten. Sie ist nicht ein Staat „in its own right". Ich weiß nicht, wer auf so eine Idee auch nur kommen kann! Sie hat in ihrem wichtigsten Gremium fünf Länder sitzen, die ein Veto einlegen können. Man kann nicht erwarten, dass dort die Weisheit des Heiligen Geistes gerade in ganz besonderer Weise durchschlägt, sondern dass vielmehr eine Zusammensetzung von Interessen vorliegt.

Auch wir in Europa müssen uns im Klaren sein, dass der Charme, der Glanz, die auch uns als junge Menschen berauschende Perspektive eines vereinten Europas, zerstört wurden. Dies geschah durch die Egoismen derer, die dort ihr Land vertreten haben. Durch sie ist die Idee entzaubert. Wenn wir das nicht mal in Europa schaffen, dann gehen Sie mal in die Welt hinein, wo es wirklich Unterschiede gibt.

Vergleichen Sie doch mal das Pro-Kopf-Einkommen nach Bruttosozialprodukt in Europa und Afrika. In Norwegen beträgt das Einkommen über 80.000 Euro pro Kopf. In Kenia, im Kongo oder in Ruanda sind es um die 1.000 Euro. Oder schauen Sie, wie alt der Durchschnitt der Bevölkerung ist. Das Durchschnittsalter liegt in Afrika bei 20 Jahren. Bei uns hingegen ist das Durchschnittsalter erst mit 46 Jahren erreicht. Wenn man diese Unterschiede sieht, dann muss man natürlich sehen, dass das mit Sicherheit keine Stabilität in die Zukunft hineinbringt. Das geht wahrscheinlich nicht.

Das haben wir in den vergangenen 60 deutschen Jahren gesehen. Die deutsche Teilung hat für große Unterschiede zwischen Ost und West gesorgt. Seit die Mauer gefallen ist, gibt es Angleichungsprozesse, und es gibt Wanderungsprozesse. Nach der Wiedervereinigung sind über zwei Millionen Menschen aus der ehemaligen DDR in die westlichen Teile Deutschlands und weit darüber hinaus gezogen. Egal wo ich in der Welt in ein gutes Hotel komme, ich werde mit Sicherheit dort jemanden treffen, der im Service oder in der Direktion dieses Hotels sitzt und aus der DDR kommt. Es wird also immer jemand da sein, der aus den neuen Bundesländern kommt. Das ist ja auch nicht zu beklagen. Junge, dynamische Menschen sagen, dass sie nicht warten können, bis zu Hause das grüne Gras wächst. Sie sagen vielmehr: „Wir gehen weg, das ist unser einziges Leben, das wir haben." Und deswegen sind die Leute, die abgewandert sind, nicht der Durchschnitt der Bevölkerung, sondern das sind die Dynamiker. Es sind vornehmlich die jungen Frauen, die gegangen sind. Und dadurch entstehen eben diese Angleichungsprozesse. Wenn wir diese Prozesse schon hierzulande bei so einem vergleichsweise geringen Unterschied haben, wo wir doch zugleich die Möglichkeit haben, dass wir Milliarden von der einen Seite in die andere transferieren können, dann schauen Sie mal auf die Unterschiede zwischen 80.000 und 1.000.

Wir sehen eine Destabilisierung in den globalen gesellschaftlichen Situationen. Das ist auch gerade im Anthropozän so. Im Westen hat man ja noch dazu beigetragen, dass die Entwicklung im Osten nicht vorankommt, dass man abbaut und dass man dort nicht aus Mildtätigkeit und aus humanitären Gründen handelt. Diese Gründe sind sicherlich auch sehr wichtig.

Ich bin allerdings hinreichend lange Vizepräsident der Welthungerhilfe gewesen und weiß daher, dass wir alles daransetzen müssen, um die wirtschaftliche Entwicklung in anderen Gegenden der Welt in Gang zu bekommen. Nur so kann man erreichen, dass man dort die Menschen in einer Situation wiederfindet, in der sie Perspektive haben und an eine Zukunft zu Hause denken können. Sonst haben wir den Mezzogiorno-Effekt weltweit, und das kann wirklich keiner wollen.

Manfred Pohl:
Das Problem, das mich persönlich ein bisschen beschäftigt, ist: Wenn Sie die Flüchtlingswellen sehen, glauben Sie dann auch, dass über das 21. Jahrhundert bis zu seinem Ende hinaus Klimaflüchtlinge eine noch stärkere Rolle einnehmen werden? Im Moment sind es ja mehr Kriegsflüchtlinge und ökonomische Flüchtlinge. Die Bevölkerung in Afrika wird sich bis 2050 verdoppeln. Werden Kolonisationsüberreste bestehen bleiben, also was die Völker, die mal die Welt beherrschten, wie zum Beispiel die Spanier, Portugiesen, Niederländer und Engländer, hinterlassen haben? Außer deren Kultur ist in den einzelnen Ländern von dieser Herrschaft heute nicht mehr viel übriggeblieben. Aber wird es eine Völkerwanderung und eine neue Vermischung der Weltbevölkerung geben?

Klaus Töpfer:
Was wirklich geblieben ist und was sehr breit wirkt, ist Sprache. Das ist das, was man viel zu häufig nicht anspricht. Wir haben ja mit Englisch die Lingua Franca. Wir haben aber zugleich eine Renaissance des Regionalen, wie in vielen anderen Bereichen. Die „Renaissance des Regionalen“ ist mir lieber als

eine Renationalisierung. Wir haben auch in Deutschland eine Renaissance des Regionalen. Die Menschen werden sich ihrer regionalen Identität sehr bewusst. Ich bin in Schlesien geboren und als Flüchtling hierhergekommen. Da sprach ich halt Schlesisch. Das war der Hinweis darauf, dass die Person völlig ungebildet ist. Eigentlich hat niemand versucht, seinen Dialekt zu sprechen. Heute ist es genau umgekehrt: Derzeit sieht man auf einmal wieder diese Rückkehr von Dialekten, von regionalen Bräuchen, von Festen und so weiter. Es ist ja unglaublich, was da entsteht. Und das gilt natürlich global genauso. Es ist eine Abkehr, ein Vorbehalt gegen globale Produkte – Coca-Cola-Syndrome und so weiter – aufgekommen. Das ist alles ganz spannend, und das wird eher eine Renationalisierung im Sinne der kulturellen Eigenständigkeit des Bewusstseins mit sich bringen. Das ist heute schon massiv der Fall.

Zugleich haben wir eine Bevölkerung, die immer bunter wird. Gar keine Frage. Die Frage ist vielmehr, wie wir mit dem Bunten umgehen. Dass wir bunter werden, halte ich nicht für negativ. Die Frage ist, wie schnell ist das Tempo, wie schnell ist die Möglichkeit, das Bunte miteinzubinden, und an welchen Dingen machen wir es denn fest? Das hat ja auch wiederum etwas mit einem intellektuellen Kraftakt zu tun. Wenn wir selbst keine Werte haben, dürfen wir uns nicht wundern, dass Wertesysteme, die Menschen aus den Ländern, aus denen sie vertrieben wurden, mit zu uns bringen, auf einmal dominanter werden. Die Menschen sehnen sich in der Komplexität dieser Welt sehr danach, wieder Orientierungsmuster zu haben und entlang Vertrauenspfaden denken zu können.

Der Grund dafür, dass solche Dinge wie Big Data, Crowd Wisdom und andere Dinge immer problematischer werden, ist vor allem, dass sie mit keinen Verantwortlichkeiten verbunden werden. Ich habe sehr intensiv die Arbeit des Soziologen Siegmund Baumann verfolgt (1925–2017) und insbesondere sein Buch „Liquid Modernity“ (2000), das – nebenbei – nicht ganz zufällig von der Piratenpartei in ihrer Hoch-Zeit als Bezugspunkt angesehen wurde. Wir gehen ja nicht in neue, feste Strukturen hinein, sondern wir werden viel stärker flüssige Strukturen haben. Die Folgen sind noch mehr Verunsicherung, noch mehr Verwehrung von Offenheit. Daran zu arbeiten und darüber nachzudenken ist wichtig. Wir können uns eben nicht nur mit islamischem Fundamentalismus, mit all den fürchterlichen Konsequenzen von islamischem Fundamentalismus beschäftigen, so notwendig das natürlich auch ist. Wenn man manche christlichen Fundamentalisten in den USA (zum Beispiel die Tea Party) oder den Kreativismus in der Wissenschaft betrachtet, dann stellt sich auch die Frage, ob das eigentlich etwas ist, was noch in das Durchdenken von Zusammenhängen hineinpasst oder eigentlich nur noch in das, was ich hören will, hineinzupassen hat.

Manfred Pohl:
Es gibt eine reaktionäre Wissenschaftsentwicklung. Die Frage, die sich hier allerdings stellt, ist: Wenn in den USA 36 bis 40 Prozent der Eltern wollen, dass in der Schule Charles Darwin nicht mehr gelehrt wird und Präsident Erdogan in der Türkei verboten hat, dass Darwin auf die Schulpläne kommt, ist das dann in der Wissenschaft eine alarmierende Situation?

Jelena Mitsiadis:
Dies würde einen unverkennbaren Rückschritt beinhalten.

Manfred Pohl:
Und das ist reaktionär. Und wenn Trump mit seiner Klimapolitik wirklich ernst macht, würden parallel so viele Entwicklungen reaktionär laufen. Dann werden wir schon massiv umdenken. In der Theorie des Anthropozäns werden wir dann die Verantwortung des Menschen anders definieren müssen. Es gibt ja im Anthropozän auch die philosophische, ethische Seite, wie der Mensch sich entwickeln wird, mit welchem Wertesystem er sich identifizieren wird. Das Anthropozän ist ja nicht nur eine geologische Entwicklung.

Klaus Töpfer:
Das ist eine der großen Umbruchsituationen, die wir überhaupt haben. Davon bin ich überzeugt. Und ich bin weit davon entfernt zu glauben, dass das in der etablierten Wissenschaft auch ernst genommen wird.

Ich denke, dass in unserer Gesellschaft Emotionen auch Fakten sind, die wir in die Wissenschaft natürlich nicht nur einbinden müssen. Vielmehr müssen die Menschen mit diesen Emotionen eingebunden werden. Es macht ja keinen Sinn, etwas auszublenden, was hinterher in der Realisierung gar nicht zu umgehen ist. Offene Wissenschaft wird jetzt so ein bisschen als Randphänomen angesehen. Aber natürlich ist es überall dringlich wichtig, zu sagen, wir müssen Antizipation mitbringen und Partizipation.

Auch wenn das alles gut und richtig ist, müssen wir ein bisschen weiter denken. Ich glaube, es war hier der Präsident der Deutschen Forschungsgemeinschaft, Peter Strohschneider, der gesagt hat: „Wenn du Akzeptanz erarbeiten willst, musst du die Menschen eigentlich von etwas überzeugen, was sie nicht wollen.“ Das ist für die Wissenschaft eine wirklich neue Herausforderung.

Und deswegen kommt es zum Beispiel in Amerika, in der Türkei und in anderen Bereichen ja auch mit Macht. Wir sehen das bisher immer nur in dem Bereich, wo die Bibel gelehrt wird. Aber es gibt auch Gegenden, in denen andere heilige Schriften gelten und in denen können Sie genau dieselben Dinge jetzt schon feststellen. Es steht in der Bibel, dass Juden dieses Land haben. Es steht in der Bibel, dass der Mensch von Gott aus Lehm geschaffen worden ist. Ich bin selbst auch katholisch. Ich bin also nicht der Meinung, dass man die Bibel nicht ernst nehmen sollte. Aber die damit verbundenen Exegesen sind ja nicht so, dass sie irgendetwas bestätigen. Und die Vorstellung, die wir immer haben, dass etwas bewiesen werden muss, wird halt nicht erfüllt.

Ich weiß nicht, ob Sie das fantastische Buch des französischen Autors kennen, das 1947 in Deutsch erschienen ist. In diesem Buch wird die Zeit zwischen dem Ende des 16. und dem Beginn des 17. Jahrhunderts beschrieben, der Umbruch von der Renaissance zur Moderne. Wenn man das liest, ist es wirklich fantastisch zu sehen, wie die Menschen damals gerungen haben. Es war eben der Glaube gegen den Beweis. Die Bibel gegen das Lehrbuch. Und damit ist nicht nur Galileo gemeint, sondern es war eine grundsätzliche Umbruchsituation.

Das Glauben oder das Beweisen: Heutzutage schafft es das Beweisen offenbar nicht mehr, Menschen und Gesellschaften stabil in die Zukunft hineingehen zu sehen. Und wenn das nicht gelingt, muss ich ein Stückchen mehr auch in das Emotionale und im Kern in das Glauben hineinbringen. Eigentlich schade, dass wir jetzt im Luther-Jahr noch nicht so ganz intensiv darüber nachdenken, was denn eigentlich die Verbindung zwischen beiden Bereichen darstellt.

Das Gespräch mit Klaus Töpfer führten Jelena Mitsiadis, Secretary General des Frankfurter Zukunftsrates, und Manfred Pohl, Gründer und Vorsitzender des Wissenschaftlichen Beirats des Frankfurter Zukunftsrates am 6. Februar 2017.

Das Anthropozän: eine philosophische Perspektive

Prof. Dr. Bernd M. Scherer

Die neue Zeit kündigt sich mit dramatischen Linien an. Die Abbildung zeigt sogenannte Hockeykurven. Ihren Namen verdanken sie der Gestalt eines Hockeyschlägers. Sie verlaufen lange quasi horizontal und steigen dann dort, wo sich der Kopf des Schlägers befindet, steil an. Sie besitzen eine dramatische Form und verweisen auf eine ungewöhnliche Entwicklung im Erdgeschehen. Sie bilden nämlich wesentliche Parameter der Erdentwicklung ab: vom Bevölkerungswachstum über das Wachstum des Bruttosozialprodukts, ausländische Investitionen, den Bau von Staudämmen, den Verbrauch von Dünger, die Verbreitung der McDonald's-Restaurants, die weltweiten Transporte, den internationalen Tourismus bis hin zum Rückgang des Regenwaldes und der globalen Biodiversität.

Als die Erdsystemwissenschaftler Will Steffens und Paul Crutzen diese Kurven miteinander in Beziehung setzten, wurde die Idee geboren, eine neue Epoche in der Erdgeschichte auszurufen: das Anthropozän, das Zeitalter des Menschen. Denn es ist ein entscheidendes Merkmal all dieser Entwicklungen, dass sie vom Menschen induziert sind und damit den menschlichen Fußabdruck auf der Erde repräsentieren. Da all diese Kurven nach 1945 dramatisch ansteigen, sprechen die Erdwissenschaftler auch von der „Great Acceleration" (siehe Abbildung 1).

Der Ausdruck der „Great Acceleration“ trifft den Kern der Sache. Die Entwicklung von Wissenschaft und Technik verbunden mit einer kapitalistischen Wirtschaftsform katapultierte uns buchstäblich in eine neue Zeit- und Raumdimension. Menschliches Handeln gestaltet den ganzen Planeten um. Es dringt bis in die letzten Ecken vor. Schon jetzt sind die Eingriffe des Menschen pro Jahr größer und umfassender als die aller anderen Naturkräfte zusammen. Der Mensch ist die größte Naturkraft. Gleichzeitig schreibt er sich durch sein Tun in die geologische Zeit ein. Die Eingriffe verändern den Planeten nicht für Generationen, sondern für Hunderttausende von Jahren.

Menschheitsgeschichte wird Erdgeschichte. An die Stelle der Historiker treten Geologen. Mit diesen beiden Sätzen wird deutlich, wie grundlegend die Transformation ist, die das Anthropozän adressiert, und dass es sich dabei sowohl um Veränderungen in der Welt, aber auch vor allem in unserem Verständnis dieser Welt handelt. Ich möchte im Folgenden vor allem die Grundbegriffe genauer in den Blick nehmen, nämlich die Begriffe von Zeit, Kultur und Natur.

Abbildung 1: The Great Acceleration
Quelle: Steffen, W./Broadgate, W./Deutsch, L./Gaffney, O./Ludwig, C.: The Trajectory of the Anthropocene: the Great Acceleration. In: The Anthropocene Review, 16.
http://www.futureearth.org/sites/default/files/images/great_accel-12graph-SE.png
http://www.futureearth.org/sites/default/files/images/great_accel-12graph-ES.png

Socio-economic trends

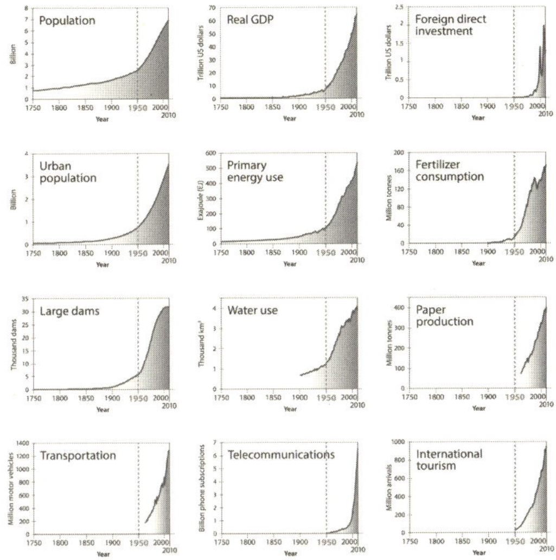

Earth system trends

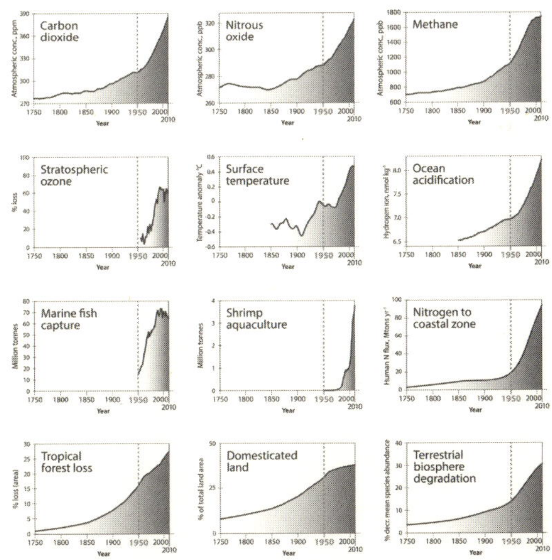

Zeit im Anthropozän

Im Anthropozän treffen verschiedene Zeitdimensionen aufeinander, sie beeinflussen unsere Denk- und Lebensweisen, fordern aber auch zum Umdenken heraus. Ein wesentlicher Treibstoff des Anthropozäns im 20. Jahrhundert sind die fossilen Rohstoffe. Sie wurden in Millionen von Jahren in biochemischen Prozessen erzeugt und verdanken sich damit der Tiefenzeit des Planeten. Diese Zeitdimension spielte bis zum Beginn der technischen Revolution, ja eigentlich bis zum Ende des 19. Jahrhunderts, im Alltag der meisten Menschen überhaupt keine Rolle. Es war eine Zeit, die Mythen und religiösen Kontexten vorbehalten war, in denen die Entstehung der Erde versinnbildlicht wurde.

Im 20. Jahrhundert begann diese planetarische Zeit den Alltag zu durchdringen, das Lebensgefühl unserer Gesellschaften zu prägen: Die fossilen Stoffe wurden zu der energetischen Grundlage, die die Beschleunigung unserer Welt antrieb, sei es in Form von Autos oder Flugzeugen. Möglich wurde dies durch neue Technologien, wie sich am Beispiel der Katalyse verdeutlichen lässt.

In der Katalyse, die in den 1890er Jahren entwickelt und zu Beginn des 20. Jahrhunderts zur grundlegenden Technologie von Raffinerien ausgebaut wurde, werden chemische Stoffe so in präzisen quantitativen Mengen miteinander in Verbindung gebracht, dass Prozesse, die in der Natur Jahre benötigen, in Sekunden ablaufen. Diese Kompression von Zeit erlaubt es, die planetarische Zeit der Fossilien in die Menschenzeit zu übersetzen. Dabei wird nicht nur unser Leben beschleunigt, sondern

Abbildung 2: Raffinerie Cressier
Quelle: blick.ch

es werden auch nie zuvor gekannte Energien bereitgestellt, die den Planeten in kürzester Zeit grundlegend verändern. Die Abbauzeiten des Atommülls führen dabei vielleicht am besten vor Augen, wie unser jetziges Handeln nicht nur weitere menschliche Generationen prägt, sondern das Leben auf dem Planeten für eine Zeit, die weit jenseits unserer Erfahrungskontexte liegt.

Das bedeutet aber auch, dass wir eine Welt geschaffen haben, in der wir in unseren ethischen wie politischen Entscheidungen planetarische Zeiträume in den Blick nehmen müssen. Obwohl wir tagtäglich die gesamten Prozesse vorantreiben, ist es uns bisher nicht gelungen, adäquate Maßstäbe für unser Handeln zu gewinnen. Aber nicht nur dies ist das Problem, sondern die Tatsache, dass uns Maßstäbe generell verlorengehen, wie folgende Überlegung verdeutlicht:

Die oben angesprochene Beschleunigung beruht nämlich wesentlich auf einer immer schnelleren Taktung nicht nur in der Herstellung einzelner Objekte, sondern ganzer Objektwelten. Nichts altert schneller als die letzte Technologieinnovation. Erinnern Sie sich noch an Floppy Discs? Das Speichermedium der 1990er Jahre gehört längst einer anderen Welt an. An die Stelle der relativ stabilen Objektwelten der Prä- und Frühmoderne treten die dynamisierten materiellen Welten des Anthropozäns. Dessen Innovationsdruck produziert wiederum permanent neue Welten und hinterlässt dysfunktional gewordene ältere Technologien als Fossilien, die nur noch in Museen besichtigt werden können. Gleichzeitig werden frühere Wissens- und Erfahrungsbestände fossilisiert. Damit koppelt sich die Gegenwart von der Vergangenheit ab.

Zur selben Zeit – und auf diesen doppelten Prozess hat Helga Nowotny in ihrem Buch „Eigenzeit“ aufmerksam gemacht[1] – wird durch den Ressourcenverbrauch und die Herstellung immer größerer und umfassenderer Infrastrukturen die Zukunft verbaut. Die Zeit schrumpft, wie anfangs angeführt, zum flüchtigen Augenblick der Gegenwart zusammen.

Was das für die Gesellschaft und den Einzelnen bedeutet, wird verständlich, wenn man sich vor Augen führt, wie Bedeutungs- und Sinnzusammenhänge im sozialen Raum entstehen. Ver-

1 Nowotny, Helga: Eigenzeit. Entstehung und Strukturierung eines Zeitgefühls. Frankfurt am Main 1993.

gangenheit und Zukunft stellen für die Sinnproduktion der Gesellschaft wichtige Ressourcen dar. Mit anderen geteilte Erfahrungen aus der Vergangenheit verdichten sich in Zeichen, die den Sinnhorizont und damit den Maßstab für gegenwärtiges Tun zur Verfügung stellen. Die Fortsetzbarkeit dieses Zeichenprozesses in der Zukunft sorgt dafür, dass der gesellschaftliche Prozess nicht erstarrt und einfriert. In der Zukunftsoffenheit erweist sich das Potenzial der Sinnproduktion.

Werden die Zeichen nun von ihren pragmatisch-semantischen Zusammenhängen der Vergangenheit sowie ihrem zukünftigen Bedeutungspotenzial abgetrennt, indem sich aufgrund der Beschleunigungsvorgänge alles auf die Gegenwart konzentriert, bleibt der Zeichenträger als reines Objekt zurück: Die Syntax der Zeichen ist ihrer Semantik und Pragmatik beraubt, sie ist bar aller Bedeutungszusammenhänge. Als Erfahrung entspricht dem die ständige Bewegung im Hamsterrad. Es bedarf einer hohen Anstrengung, um auf der Stelle zu bleiben. An die Stelle einer Welt, in der das Handeln auf die Sinnzusammenhänge bezogen war, tritt der Sachzwang.

Vor diesem Hintergrund verwundert es wenig, dass der Steuerungsmechanismus dieser in den vergangenen hundert Jahren geschaffenen Welt in der reinen Syntax besteht: den Algorithmen – schematisierten Rechenvorgängen, die die Grundlagen unserer digitalisierten Welt bilden. Es ist der binäre Code – 1 und 0 der digitalen Welt, die ihr visuelles Äquivalent in der Pixelrasterung findet –, der unsere heutigen Bildwelten entstehen lässt. Diese modellierten Bildwelten, ob zwei- oder dreidimensional, stellen wiederum die Grundlage für die technologische Entwicklung bereit. Sie basieren auf einer formalen Syntax ohne jede Bedeutung, die auf der Zeichenebene einer Zeit entspricht, die reine Gegenwart geworden ist. An die Stelle einer gesellschaftlichen Sinnproduktion tritt die permanente Übersetzung von Ideen in technologische Apparaturen. Bisher produziert das Anthropozän einen Anwendungsüberschuss und ein gleichzeitiges Sinndefizit. Die Sinnsuche lässt sich allerdings nicht verdrängen. Sie sucht derzeit ihre Befriedigung in den neuen radikalen Ideologien, seien sie religiös oder nationalistisch grundiert.

Kultur und Natur im Anthropozän

Es verändert sich aber nicht nur unser Verhältnis zur Zeit im Anthropozän, sondern auch unser Denken über das Verhältnis von Kultur und Natur. Die Grundlage für dieses Denken wurde zu Beginn des 17. Jahrhunderts gelegt, als Descartes den Dualismus zwischen res cogitans und res extensa einführte. Auch vor Descartes wurde das Denken von der materiellen Welt getrennt. Aber Descartes interpretierte das Denken, das zuvor als eine Handlung in Bezug auf Objekte gesehen wurde, als eine eigene Objektwelt. Und er stellte diese mentale Objektwelt der materiellen Objektwelt gegenüber. Die Gegenstände der Kultur und der Natur standen damit als zwei getrennte Ontologien einander gegenüber. Die existenzielle Beziehung zur Natur, als deren Teil sich der Mensch ursprünglich verstand, wurde damit gekappt. Die in dieser Weise entzauberte Natur bot sich dem Menschen als bloße Ressource an, die es auszubeuten galt.

Für den Prozess, der dann folgte, möchte ich Ihnen zwei Denkmodelle anbieten, die sich beide auf Erzählungen aus den Metamorphosen des Ovid zurückführen lassen:

In den „Metamorphosen“ rekurriert Ovid auf die griechische Geschichte des Erysichthon.[2] Dieser dringt in den heiligen Hain der Demeter, der Göttin der Erde und des Korns, ein. Sein Ziel ist es, Holz für einen großen Festsaal zu schlagen, in dem er große Gelage für seine Freunde geben möchte. Erysichthon bricht dabei mit der Tradition seines Vaters, des Herrschers Triopas, der den Hain bisher als Heiligtum achtete und dabei das Wohlwollen der Göttin erworben hatte. Die Zuneigung der Göttin schlägt angesichts des Vorhabens des Sohnes, der sich auch durch die Ermahnungen der Demeter nicht stoppen lässt, in Zorn um. Sie ruft die Hunger-Göttin herbei. Diese flößt Erysichthon einen so unersättlichen Hunger ein, dass er schließlich seinen eigenen Körper aufzuzehren beginnt.

Für eine klassische ökologische Position, wie sie etwa der Schweizer Ökonom Christoph Binswanger vertritt, spiegelt diese Geschichte Ovids das Grunddilemma unserer Zeit. Der Hain der Demeter steht für die letzten Naturressourcen, die für eine Regenerierung des Planeten überlebensnotwendig sind. Der Endlichkeit dieser Ressourcen, die als Heiligtum zu schützen sind, steht ein maßloses Wirtschaften gegenüber. Die Hauptantriebskraft dieses Wirtschaftens findet sich in der modernen Geldwirtschaft. Diese vollzog im 17. Jahrhundert durch Einführung des Papiergeldes einen folgenreichen Schritt: Der Wert

2 P. Ovidius Naso: Metamorphosen. Stuttgart 2010. darin: Erysichthon-Geschichte: VIII, V. 725–842.

des Geldes war nun nicht mehr an die endliche Menge eines Metalls wie Silber oder Gold gebunden, aus denen die Münzen vorher geprägt worden sind. Vielmehr wurde er definiert durch die Zahlen, die auf ein praktisch wertloses Papier gedruckt sind. Damit wurde die Grundlage für eine permanente Geldvermehrung geschaffen. Diese wurde dann zur Antriebskraft für die Ausbeutung einer endlichen Natur.

Ovid erzählt auch noch eine weitere Geschichte, die zu einer anderen Beurteilung unserer Situation führt: Es ist die Geschichte des Künstlers Pygmalion.[3] Pygmalion hasst aufgrund schlechter Erfahrungen die Frauen und hält sich von ihnen fern. Eines Tages finden wir ihn zutiefst irritiert in seinem Atelier vor. Es war ihm gelungen, aus Elfenbein eine so schöne Frauenstatue zu formen, dass er sich in diese verliebte. Er bittet daraufhin Venus, ihm eine Frau zu schenken, die die Anmut dieser Statue hat. Als er nach Hause zurückkehrt und sich der Statue nähert, wendet sie sich ihm langsam zu. Das Elfenbein verwandelt sich zu Leben.

Diese Erzählung Ovids, in deren Zentrum die Verwandlung von unbelebter Materie in Leben, vom Anorganischen ins Organische, steht, stützt Diderot im 18. Jahrhundert mit einer Argumentation, die in einer wissenschaftlichen Form vorgetragen wird. Das Argument lautet:

Man zermahle den Stein der Statue zu Pulver und vermische dieses dann mit Humus und Erde. Anschließend pflanze man

3 P. Ovidius Naso: Metamorphosen. Stuttgart 2010. darin: Pygmalion-Geschichte: X, V. 243–297.

Abbildung 3: Pygmalion und Galatea, gemalt von Jean-Léon Gérôme, 1890
Quelle: akg-images (https://de.wikipedia.org/wiki/Pygmalion#/media/File:Pygmalion_and_Galatea_(Gérôme)_back.jpg)

Gemüse auf dieser Erde. Dieses wird dann vom Menschen gegessen. In diesem Prozess wird die unbelebte Statue Schritt für Schritt in Leben verwandelt.

An diese Denktradition schließt 2014 die Künstlerin Pinar Yoldas mit ihrem Projekt „An Ecosystem of Success“ an. Ausgangspunkt für Yoldas' Projekt ist die Ursuppen-Theorie, nach der das Leben auf der Erde vor vier Milliarden Jahren in den Ozeanen begann. Hier wurde das anorganische Material in organische Moleküle verwandelt. Heute finden wir eine Situation vor, in der der von Menschen erzeugte Plastikmüll in Form ganzer Kontinente auf den Meeren treibt. Yoldas stellt die Frage: Welches Leben könnte aus diesen von Menschen geschaffenen Plastiksuppen entstehen, wenn das Meer erneut zu dem Ort würde, wo aus anorganischen Stoffen Leben entstünde? Ihre Antwort verweist auf ein nach-menschliches Ökosystem. Sie schafft Organismen, in denen sich organisches und anorganisches Material vollkommen mischen. In Yoldas' Welt werden sich solche Tiere und Pflanzen durchsetzen, die Plastik gut nutzen können.

Dieses zweite Denkmodell unterscheidet sich grundsätzlich vom ersten. Im ersten Modell, der Demeter-Geschichte, gibt es eine klare Trennung zwischen Mensch und Natur. Der Mensch steht einer Welt gegenüber, die klar gegliedert ist. Um die Endlichkeit der natürlichen Ressourcen wissend, gilt es, eine geeignete Ethik zu entwickeln, aus der heraus Maximen für unser Handeln abgeleitet werden. Diese Verantwortungsethik fordert uns zu verkünden, dass die letzten Ressourcen der Erde ausgebeutet werden und wir damit unsere Lebensgrundlage zerstören.

Im zweiten Denkmodell, dem Pygmalion/Diderot/Yoldas-Modell, ist der Mensch Teil einer Welt, die durch Stoffwechselprozesse gekennzeichnet ist. Er ist nur ein Akteur unter vielen Akteuren, die diese Prozesse beeinflussen. Deshalb steht ihm diese Welt auch nicht als gegliederte zur Verfügung. Es gibt keine fixe Ontologie, aufgrund derer dann normative Regeln zu entwickeln wären. Wie die Welt ist und wie wir uns in ihr verhalten sollen, also die epistemologischen und die normativen Fragen, sind zwei Aspekte desselben Aushandlungs- und Erfahrungsprozesses, in dem sowohl die Akteure wie die Objekte konstituiert werden. Akteursanteile und Objektanteile lassen sich, wie das Yoldas-Beispiel zeigt, immer nur für eine Situation bestimmen. Zunächst dient das Meer als Müllhalde für die Zivilisationsreste der Menschen, dann wird es aber zum Akteur, aus dem Neues entsteht, dem sich der Mensch ausgesetzt sieht.

Aus der Perspektive des zweiten Denkmodells ist der Ressourcenbegriff des ersten Modells obsolet. Letztendlich verbirgt sich dahinter ein lineares Geschichtsmodell. Natürlich sind bestimmte Gegenstände wie fossile Brennstoffe endlich. Aber beim Verbrennen finden im Prinzip nur Umwandlungsprozesse stofflicher wie energetischer Art statt. Wir müssen beim Betrachten der materiellen Prozesse lernen, Perspektivwechsel zum Beispiel folgender Art zu vollziehen:

„Dirt is a Matter out of Place[4] / Garbage a Matter out of Time“

4 Theorie der britischen Sozialanthropologin Mary Douglas, entwickelt in ihrem Buch „Purity and Danger: An Analysis of Concepts of Pollution and Taboo“ (New York 1966), auf Deutsch „Reinheit und Gefährdung. Eine Studie zu Vorstellungen von Verunreinigung und Tabu“ (Berlin 1985).

Kulturpolitische Implikationen

Die Figuren von Pinar Yoldas sind schön und faszinierend, sie sind aber auch irritierend und verstörend. Es handelt sich um Monster. In dem Wort „Monster" steckt das lateinische Wort „demonstrare". Sie führen eine imaginierte Entwicklung vor Augen, in der sich die Menschen nicht um die von ihnen geschaffenen Geschöpfe kümmern.

Diese Geschichte hat ein literarisches Vorbild. Es ist die Geschichte Victor Frankensteins, die uns die Britin Mary Shelley zu Beginn der Industriellen Revolution erzählt.[5] Es handelt sich zunächst um eine Erfolgsgeschichte: Dem Wissenschaftler Frankenstein gelingt es, ein lebendiges Geschöpf zu schaffen. Da er sich aber nur auf die funktionalen Aspekte konzentriert, sieht dieses so schrecklich aus, dass sich niemand um dieses Geschöpf kümmert. Ausgegrenzt aus der Welt der Menschen, wird es aggressiv und tötet. Die Lehre, die sich nach meiner Ansicht aus der Frankenstein-Geschichte ziehen lässt, lautet: Will man die Monster vermeiden und erkennt man gleichzeitig an, dass die Menschen Teil der Natur sind und die Natur und die materielle Welt teilweise von Menschen geschaffen ist, dann muss eine Kommunikation gefunden werden, bei der alle Akteure, die in diesem Prozess handeln, aber auch von den Handlungen der anderen betroffen sind, zur Sprache kommen.

Aus diesem Grunde soll hier die alte Idee des Forums wiederbelebt werden. Ein Forum ist seit der Antike der Ort, an dem

5 Mary Shelleys Roman „Frankenstein or The Modern Prometheus" wurde 1818 zunächst anonym veröffentlicht. Die deutsche Erstausgabe von „Frankenstein oder Der moderne Prometheus" erschien 1912.

Abbildung 4: Frankensteins Monster
Quelle: James Whales „Frankenstein" (1931), © 1931 Universal Pictures Company, Inc. Courtesy of Universal Studios Licensing LLC

sich die Gesellschaft über sich selbst verständigt und dabei eine gemeinsame Sicht der Welt entwickelt. In Transformationszeiten wie der unseren, in der die alten Kategorien nicht mehr funktionieren, reicht es dabei nicht, sich nur über die Welt zu verständigen, auch die Begriffs- und Repräsentationssysteme, mit denen wir diese Welt beschreiben, stehen zur Disposition. Die heutigen Foren müssen insbesondere drei Aspekte in den Blick nehmen:

1. **Die Dinge als Akteure:** Wir müssen unsere Beziehung zur Welt der Dinge verändern. Die Dinge, ob natürlich vorhanden oder von uns geschaffen, sind nicht einfach unendliche Ressourcen, die für die menschlichen Interessen zur Verfügung stehen. Sie haben vielmehr ein Eigenleben, eine eigene Logik, die wir wieder respektieren müssen. Es ist ein Wissen um die materielle Welt, das vorindustrielle Gesellschaften noch besaßen.

Wenn der Mensch beispielsweise die Erde beackert, so wirkt er dabei auf die Erde ein; er kann das aber nicht nach Belieben tun. Deshalb berücksichtigt ein erfahrener Bauer sowohl Wetterbedingungen als auch Zeitzyklen bei der Bepflanzung. Er nimmt buchstäblich Rücksicht, versteht sich nicht nur als Akteur, sondern als Teil eines Zusammenhangs.

Das heißt, die Welt der Dinge muss in diesem Forum vertreten sein. In der Regel werden es Menschen sein, die ihnen eine Sprache geben. Dazu müssen wir aber erst wieder eine Sprache entwickeln, die sensibel und differenziert ist im Hinblick auf die materielle Welt und die sich in ihr abspielenden Prozesse.

2. **Menschliche Akteure:** Ich habe bisher immer von dem Menschen, dem Anthropos, als Akteur im Anthropozän gesprochen. Als Naturkraft tritt der Mensch durchaus als Spezies auf, aber nicht als politisch und gesellschaftlich Handelnder. Die Akteure sind Individuen, Gesellschaften, Staaten, Firmen etc. Ein Blick auf die Entwicklung der vergangenen zweihundert Jahre zeigt, dass bezüglich der Gesellschaften Europas, Amerikas, Afrikas und Asiens eine große Asymmetrie in der Ausbeutung der Ressourcen bestand. Diese Asymmetrie besteht bis heute, wenn auch teilweise verändert, fort. Ein Anstieg des Meeresspiegels bedeutet zum Beispiel für eine Stadt wie Kalkutta etwas anderes als für eine Stadt wie New York. Oft werden immer noch Lösungsvorschläge für Probleme, die der Norden verursacht hat, so entwickelt, dass sie die Probleme des Nordens lösen auf Kosten von Entwicklungen in der südlichen Hemisphäre.

Hieraus leitet sich die Forderung ab: Im Forum, in den Foren müssen alle Gesellschaften vertreten sein, da alle von dem beschriebenen Wandel betroffen sind. Da sich die Transformationen regional unterschiedlich auswirken, wird es auch regional sehr unterschiedliche Lösungen geben: Klimatische Veränderungen in kälteren Zonen haben andere Auswirkungen als in wärmeren Zonen; Gesellschaften an der Küste sind anders betroffen als in den Bergen.

3. Unser Verständnis von Wissensprozessen muss sich grundlegend ändern. Die Verschränkung von kulturellen und natürlichen Prozessen hat zur Folge, dass auch und gerade naturwissenschaftliches Wissen nicht einfach mehr ein Wissen über eine ansonsten stabile Welt der Natur ist, Natur „objektiv" darstellt. Vielmehr greift es – in der Regel vermittelt durch politische und ökonomische Akteure – zutiefst in diese Prozesse ein, wie auch umgekehrt: „Matter matters". Aus dem „Wissen über die Welt" wird ein „Wissen in der Welt". Dieses Wissen darf also nicht mehr nur einer Experten-Community zur Verfügung stehen, sondern muss in der gesamten Gesellschaft verhandelt werden, da alle davon betroffen sind.

Die Arbeit der Working Group, die erforschen soll, ob das „Anthropozän" ein wissenschaftlicher Begriff ist, ist dafür das beste Beispiel. Auf der einen Seite gibt es seit dem 19. Jahrhundert ein formales Verfahren, nach dem Erdzeitalter zu bestimmen sind. Dieses Verfahren bezieht sich auf Erdschichten und definiert im Wesentlichen geologische, das heißt materielle Kriterien, nach denen ein neues Zeitalter festzulegen ist. Im Falle des Anthropozäns ist aber diese materielle Schichtung von

Menschen gemacht, also Konsequenz menschlichen Denkens und Handelns. Das heißt: Die Festlegung, wann das Anthropozän begonnen hat, die Festlegung des „Golden Spike", legt zum Beispiel auch fest, welche menschlichen Akteure dafür verantwortlich waren. So gab es bereits eine virulente Diskussion darum, ob das Anthropozän nicht bereits mit der westlichen Kolonialisierung im 16./17. Jahrhundert begonnen hat.

Dies macht deutlich, dass es auch um die Entwicklung einer neuen Sprache gehen muss, die sowohl die Verschränkung soziokultureller und natürlicher Prozesse auszudrücken vermag als auch die Kommunikation zwischen den verschiedenen Gruppen einer in Bezug auf Wissensproduktion hochsegmentierten Gesellschaft erlaubt.

Dies sind nur einige kulturpolitische Rahmenbedingungen für die Entwicklung von Foren. Da unsere Wirkung als Spezies auf der Erde immer größere Wunden hinterlässt, drängt die Zeit. Beginnen wir, uns um unsere Monster zu kümmern, bevor diese sich um uns kümmern.

Anthropozän und Neurotheismus

Die globale und totale Verantwortung des Menschen für sich selbst, für die Erde und für Gott

Prof. Dr. Manfred Pohl

Während meiner Zeit im Collège Saint-Michel in Fribourg durfte ich mehrmals in der Woche morgens um 5:30 Uhr Pater Theodosius im Franziskanerkloster als Ministrant während der Messe dienen. Er war in der zweiten Klasse mein Latein- und Griechischlehrer gewesen und hatte mich unter seine Fittiche genommen, sicherlich in der Hoffnung, dass ich ihm eines Tages nacheifern werde. Für mich war er als Mentor in allen Fragen, die einen Sechzehnjährigen bewegten, eine unumstößliche Instanz.

Eines Tages beim Aufräumen der Sakristei nach einer dieser morgendlichen Messen stellte ich ihm die alles umfassende Frage: „Wer war zuerst: Gott oder der Mensch?" Er hielt inne, das Messgewand blieb an seiner Schulter hängen, schaute mich fassungslos an und antwortete völlig irritiert: „Natürlich Gott!" Ich ließ nicht locker und fragte: „Warum?" Er sah mich immer noch fassungslos an und antwortete wie aus einer anderen Welt: „Weil Gott den Menschen erschaffen hat!" Die Entschiedenheit und Kompromisslosigkeit in seiner Stimme ließ keine weitere Diskussion zu. Ich war als Messdiener nicht mehr gefragt und suche seitdem nach der „wahren" Antwort: Hat Gott den Menschen erschaffen, oder hat der Mensch Gott erfunden?

Wissenschaftliche Beweise bringen Religionen in Erklärungsnot

Nachdem Charles Darwin naturwissenschaftlich exakt die Tatsache der Evolution nachgewiesen hatte – das heißt die gemeinsame Abstammung aller Lebewesen, die Veränderung durch kleinste Schritte, die Vermehrung der Arten bzw. die Artenbildung in Populationen und schließlich die natürliche Selektion als wichtigsten, wenn auch nicht einzigen Mechanismus der Evolution –, war klar, dass das Welt- und Glaubensbild aller Religionen einen schweren Schlag erlitten hatte.[1]

Vor allem die drei monotheistischen Religionen versuchen krampfhaft, ihr Weltbild mit Gott als dem einzigen Schöpfer zu verteidigen. Die Religionen waren seit dem 15./16. Jahrhundert immer stärker in Erklärungsnot geraten, da die Wissenschaft Ergebnisse erzielte, die unumstößlich waren.

Der Mensch ist aufgrund einer Steigerung seiner neuronalen Leistungsfähigkeit in den vergangenen 500 Jahren schrittweise zu einem der wichtigsten Einflussfaktoren auf die weitere Entwicklung der Erde geworden. Der Mensch hat die Herrschaft über die Erde übernommen und in einer bisher noch nie dagewesenen Art und Weise alle entscheidenden kulturellen, geistigen/mentalen, biologischen, geologischen und atmosphärischen Prozesse maßgeblich beeinflusst.

Ich bin der festen Überzeugung, dass das Anthropozän das Holozän, das vor 11.700 Jahren begann, abgelöst und eine neue kulturelle und geochronologische Epoche eingeleitet hat.

1 Engels, Eve-Marie: Charles Darwin. München 2007, S. 8 ff.

In diesem Zeitraum wurden Strukturen aufgebrochen, die über Jahrtausende das Leben der Menschen bestimmten. Natürlich hat diese Entwicklung grundlegend mit der Religion und der Rolle von Frau und Mann in der Religion und in der Gesellschaft, aber auch mit dem schrittweisen Zugang der Frauen und schließlich aller Menschen zum Wissen der Welt zu tun. Ebenso haben die Erfindungen seit dem 15. Jahrhundert, die in immer schnelleren Zyklen erfolgten, so dass von einer „Great Acceleration" gesprochen werden kann, die Bildung eines neuen Erdzeitalters geprägt.

Der Mensch entwickelt seine kognitive Leistungsfähigkeit

Aber klar ist auch: Das Anthropozän unterscheidet sich grundlegend von den vorausgegangenen Erdzeitaltern. Das hängt eng mit der Steigerung der kognitiven Leistungsfähigkeit der Menschen zusammen. Der Mensch hat sich in neue geistige Dimensionen entwickelt. Er will die Erde „sich untertan" machen und sie so gestalten, wie er es für richtig hält. Es geht hierbei nicht nur um die geochronologische Dimension, sondern um eine neue, alle Bereiche des menschlichen Denkens und Fühlens umfassende globale Entwicklung.

Somit ist die wissenschaftliche Deutung, Forschung und Analyse des Anthropozäns nicht ausschließlich ein Hoheitsgebiet der Geowissenschaften, sondern gleichwertig auch ein Forschungsgebiet insbesondere der Geisteswissenschaften, der Theologie und der Neurobiologie.

Die Rolle, die Deutung und die Interpretation der Religionen werden sich im Anthropozän grundlegend und nachhaltig verändern. Im Laufe des Anthropozäns – etwa in der Zeitschiene 2015 bis 2115 – werden sich die Ethnien, Religionen und Kulturen infolge von Krisen, Kriegen und Völkerwanderungen, vor allem aber wegen massiver klimatischer Veränderungen völlig vermischen. Dieses Zusammenwachsen der Völker und Kulturen wird die Menschen dazu zwingen, zu entscheiden, ob sie friedlich zusammenleben oder untergehen wollen. Der Mensch wird sich im wahrsten biblischen Sinne „die Welt untertan" machen.

Diese globale und totale „Verantwortung" des Menschen ist richtungsweisend für die zukünftige Gestaltung der Erde. Der Mensch ist verantwortlich für den Klimawandel, das Artensterben, die Artenverschleppung, die Lichtverschmutzung, das Vermüllen der Meere usw. Darüber hinaus aber ist er verantwortlich für die Religionen, die je nach Inhalt und Glaubensstrenge so viele Irritationen ausgelöst und folgenschwere Fehldeutungen über und in die Menschheit gebracht haben. Aber das sind äußere Faktoren.

Die tiefere Deutung des Anthropozäns liegt in der kognitiven Leistungsfähigkeit des Menschen, den grundlegenden Erkenntnissen der Menschheit überhaupt und insbesondere der einmaligen kulturhistorischen Entwicklung auf dem europäischen Kontinent und in England seit dem 15. Jahrhundert bis heute. Mit der zweiten Hälfte des 19. Jahrhunderts reihten sich vor allem die USA in diese kontinuierliche Steigerung der kognitiven Leistungsfähigkeit ein.

Die kognitive Leistungsfähigkeit ist bei allen Menschen in gleicher Intensität vorhanden. Alle Menschen haben die gleichen kognitiven Voraussetzungen. Aber wie wir aus der Geschichte der Menschheit wissen, gibt es unterschiedliche Entwicklungsstufen und Entwicklungslinien, wie die gewaltigen Leistungen der Assyrer, Hethiter, Chinesen, Inder usw. uns deutlich vor Augen führen. Ohne ihre kognitiven Leistungen wäre mit Sicherheit die europäische Hochphase seit der Mitte des 15. Jahrhunderts nicht möglich gewesen. Aber fest steht auch, dass in Europa durch die Kontinuität gesellschaftlicher und kultureller Entwicklungen – bei den Griechen beginnend, über die Römer und nicht zuletzt durch das Christentum – kognitive Leistungen erbracht wurden, die zu einer völlig neuen Dimension menschlicher kognitiver Leistungen geführt haben.

Mit dem Zugang zum Wissen der Welt für die meisten Menschen über die digitalen Medien ist zunächst rein theoretisch, aber immer mehr auch real eine globale Steigerung der kognitiven Leistungsfähigkeit in allen Teilen der Erde nicht nur möglich, sondern täglich sichtbar. Vor allem aber bildet der Zugang aller Menschen zum Wissen der Welt über die digitalen Medien eine bisher nicht gekannte Chance für alle Menschen, eines Tages auf der Basis des gleichen Wissensstandes eine Welt in Frieden aufzubauen. Das ist sicherlich die größte Chance des Anthropozäns.

Kulturelle Revolution als Beginn des Anthropozäns

Nicht die industrielle Revolution leitete das Anthropozän ein. Die geistige/mentale, die kulturelle Revolution bestimmte den

Beginn des Anthropozäns und seine weitere Entwicklung.[2] Mit dieser Revolution begann die Aushebelung aller Religionen, die sich bis heute schwertun, wissenschaftliche Erkenntnisse zu akzeptieren und in ihre Religionsstruktur einzubauen. Genau betrachtet, ist bis heute die Entwicklung in allen Teilen der Welt immer noch ein Kampf der Religionen und Kulturen gegen die Tatsachen der Wissenschaft.

Eine auffallend erhöhte kognitive Leistungsfähigkeit, die das Wissen der Welt in kurzen Zeiträumen in England und dem europäischen Festland in ungeahnter Schnelligkeit erweiterte, kennzeichnet den Beginn des Anthropozäns im 15. Jahrhundert. Ein Neuronaler Multiplikator-Effekt (NME) trieb die Entwicklungen und Erfindungen unaufhaltsam und mit zunehmender Beschleunigung voran. Dabei ist klar festzuhalten, dass allen epochalen Veränderungen eine „kulturelle Revolution" vorausging. So auch bei der Entstehung des Anthropozän.

Neben der Erfindung des Buchdrucks um das Jahr 1450 durch Johannes Gutenberg in Mainz, mit dem das Wissen der Welt mit gleichem Inhalt allen, die lesen konnten, zugänglich gemacht wurde, gibt es einige herausragende Erkenntnisse und Erfindungen, ohne die das Anthropozän nicht definierbar ist:

Zunächst zu erwähnen ist die Widerlegung des Ptolemäischen Weltbildes durch Nikolaus Kopernikus (1473–1543), Galileo Galilei (1564–1642) und Johannes Kepler (1571–1630). Die Erkenntnis, dass die Planeten und die Erde sich auf kreisför-

2 Kleinschmidt, Christian: Wirtschaftsgeschichte der Neuzeit. München 2017, S. 3 ff.

migen Bahnen um die Sonne drehen, nutzten Kolumbus und die nachfolgenden Seefahrer. Sie entdeckten neue, unberührte Welten, brachten der Urbevölkerung aber auch die Krankheiten der „alten" Welt, was nicht nur zu deren Ausrottung, sondern, wie viele Wissenschaftler glauben, auch zu Klimaveränderungen führte.

Immanuel Kant schrieb 1781 in seiner Vorrede der „Kritik der reinen Vernunft", er wünsche sich eine „Umänderung der Denkart" in der Philosophie ebenso wie bei Kopernikus in der Kosmologie.[3] Die geistige/mentale und kulturelle Revolution ist zudem von Persönlichkeiten wie Isaac Newton (1643–1727), René Descartes (1596–1650) und vielen anderen geprägt.

Die Eintrittsphase in das neue Erdzeitalter Anthropozän kristallisiert sich somit auf den Zeitraum zwischen dem 15. und 18. Jahrhundert. Hier wurden Grundvoraussetzungen (Grundveränderungen) geschaffen, die dann mit der Erfindung der Dampfmaschine und des mechanischen Webstuhls einen ersten technischen Höhepunkt hatten, der die industrielle Revolution[4] einleitete.

Mit der industriellen Revolution begann die fortschreitende Verschmutzung der Erde. Die Geological Society of Lon-

3 Kant, Immanuel (1781): Kritik der reinen Vernunft, Vorrede.

4 Die industrielle Revolution wäre nicht möglich gewesen, wenn sie nicht durch die „soziale Revolution" (Bauernbefreiung und Gewerbefreiheit) die „Agrarrevolution" (Erfindung der künstlichen Düngemittel als Voraussetzung für die Ernährung der rasch wachsenden Industriestädte) und die „medizinische Revolution" (Erfindung von Sulfonamiden und vor allem des Penicillins) untermauert worden wäre.

don, die älteste geowissenschaftliche Institution, stellte 2008 fest, dass das Holozän zu Ende und in einen stratigrafischen Abschnitt getreten sei, für den „in den vergangenen Millionen Jahren keine Entsprechung zu finden sei"[5]. Als entscheidende Faktoren bezeichnen die Wissenschaftler der Geological Society den Anstieg der Produktion von Treibhausgasen, die menschengemachten landschaftlichen Veränderungen, die in ihrem Umfang die natürliche jährliche Sedimentproduktion erheblich übertreffen, die Übersäuerung der Ozeane sowie die andauernde Vernichtung von Biota. Die Verdrängung der Vegetation durch landwirtschaftliche Monokulturen, verbunden mit Artensterben und Artenwanderung, stelle unmissverständlich ein biostratigrafisches Signal dar.

Die von dem britischen Paläobiologen Jan Zalasiewicz, Universität Leicester, 2009 gebildete und von ihm geleitete Arbeitsgruppe bestätigte auf dem 35. Internationalen Geologischen Kongress in Kapstadt 2016 die Thesen von Paul Crutzen und Eugene F. Stoermer zum Anthropozän.

Die zeitliche Einordnung des Anthropozän kann sich aber keinesfalls allein auf Umweltfaktoren aufbauen, auch wenn zum Beispiel die Untersuchung von Eisbohrkernen ergab, dass seit Beginn der Industrialisierung die Konzentration von Methan und CO_2 zunimmt. Um eine Einordnung des Anthropozäns vornehmen zu können und seine innere Bedeutung zu ermessen, bedarf es eines umfangreicheren Ansatzes als des geochronologischen.

5 Zalasiewicz, Jan u.a.: Are we now living in the Anthropocene? In: GSA Today, Vol. 18, Nr. 2, February 2008.

Der prägende Einfluss der Männer

Wie bereits festgestellt, spielen andere Faktoren eine weitaus wichtigere Rolle. Hierzu zählt vor allem Charles Darwin (1809–1882) mit seiner streng naturwissenschaftlichen Erklärung für die Diversität des Lebens als Grundlage der modernen Evolutionsbiologie. Darwin schuf mit seiner Evolutionstheorie einen wichtigen Baustein für das neue Erdzeitalter.

Der Bonner Hirnforscher Christian Elger glaubt, dass das Zentrum der Biologie die Sicherung der Art sei. Daher könne sich ein Mann in seiner Alpha-Position mit seiner Sicherung der Art immer durchsetzen. „Wir haben im Hirn eine ganz bestimmte Reihe von extrem archaischen Regeln, die fest sind, die wahrscheinlich aus ganz alten Zeiten kommen“,[6] ist daher seine Schlussfolgerung. Nur so ist auch die Dominanz des Männlichen in der Evolutionsgeschichte zu verstehen. Das Fernhalten der Frauen vom Wissen der Welt ist nur eines, aber ein entscheidendes Kriterium für die Rolle der Frau in Religion und Gesellschaft.

Gender-Equality und Religion bilden immer noch zwei Grundvoraussetzungen, um eine friedliche Welt zu gestalten. Zumindest die erste „Epoche“ des Anthropozäns wird durch diese beiden Elemente – natürlich neben vielen anderen wie Digitalisierung und Künstliche Intelligenz – zu einem Prüfstein.

6 Elger, Christian in der Podiumsdiskussion am 26. Mai 2014, in: Pohl, Manfred (Hg.): Ein Gott, eine Währung. Das Frankfurter Zukunftsmanifest. Frankfurt am Main 2015, S. 56.

Hieraus ergeben sich klare Folgerungen:

1. Alle heute existierenden dominanten Religionen wurden von Männern „erfunden" und ausgestaltet. Männer prägten die Religionen und Kulturen und schufen Herrschaftsstrukturen, in denen sie Wertesysteme festlegten und Zukunft bestimmten.
2. Nicht nur die Erfinder der bestehenden Weltreligionen waren Männer, auch der jeweilige Gott selbst ist männlich: Gott Vater, Gott Sohn, Gott Heiliger Geist, Allah, Jehova usw.
3. Gerade die drei monotheistischen Religionen wurden auf dem Prinzip des „Alleinseligmachens" begründet, gleichzeitig das Alleinstellungsmerkmal. Hierdurch wurden Autoritätsgläubigkeit und Traditionsbewusstsein verfestigt.
4. Frauen spielten und spielen bis heute in allen Religionen eine untergeordnete oder dienende Rolle. Dabei ist die Bandbreite sehr groß: von Gleichstellung (oft allerdings nur auf dem Papier) bis hin zu dem Verbot, religiöse Ämter auszuüben.

Es bleibt die Frage, warum Männer Religionen so gestalten konnten, dass sie die Vorteilnehmer und die Frauen die Verlierer waren und sind. Warum wurden Frauen in der Vergangenheit und vereinzelt bis heute bewusst vom Wissen der Welt ferngehalten, ihnen so jede Chance auf eine eigene Entwicklung verbaut, sie ans Haus gefesselt und somit eine persönliche Entfaltung und Selbstständigkeit etwa im Berufsleben verhindert, während sich die Männer auf Krieg/Beruf und ihre Interpretation von Gott konzentrieren konnten, beides als Rechtfertigung für ihre Handlungen?

Gott und Geld bedeuten Macht und Antriebskraft, was Männer immer schon als Begründung ihrer Taten und Handlungen anführten. Möglicherweise begründet den Monotheismus „Ausgrenzung und Gewalt“ auch „inhärent“, wie der Ägyptologe und Kulturwissenschaftler Jan Assmann es jüngst formulierte.[7] Hat der Monotheismus in der Religion die Unterscheidung zwischen wahr und falsch installiert? Natürlich mit einem klaren Alleinstellungsmerkmal.

Sicher ist, dass Mythen helfen, Identität zu schaffen, um zu wissen, wer man ist und wohin der Mensch gehört. Die wichtigsten Fragen, die Menschen sich von Anbeginn an stellen, lauten: Wer oder was ist Gott, und wer sind wir? Die Erkenntnis, nicht Moses zu sein, nicht die Tafel mit den zehn Geboten als Ausgangspunkt der heutigen Erkenntnisse zu akzeptieren, prägt die heutige und zukünftige Diskussion. Was also ist dieser von Männern geprägte Gottesbegriff wert?

Nichts und doch wiederum alles! Das hängt entscheidend von der Betrachtungsweise ab: vom Glauben an die Allmacht eines Gottes als Schöpfer und Ausgangsbasis allen Seins. Oder müssen wir radikal umdenken und auf der Basis der wissenschaftlichen Erkenntnisse eine neue zeitgemäße Definition Gottes vornehmen?

7 Assmann, Jan: Exodus. Die Revolution der Alten Welt. München 2015, S. 114 ff.

Religionen in der Verantwortung

Der Zugang der Frauen und schließlich aller Menschen zum Wissen der Welt über die digitalen Medien sowie die Künstliche Intelligenz öffnen neue Dimensionen menschlichen Zusammenlebens. Es ist zwar fast Allgemeingut, dass die Erde nur dann eine Chance hat zu überleben und mit ihr die Menschheit, wenn alle Menschen gemeinsam am Erhalt der Erde arbeiten. Dass dies nicht gelingt, ist in vielen Bereichen den Religionen, ihren längst überholten wissenschaftlichen Ansichten und ihrem Anspruch auf Deutungshoheit zuzuschreiben. Aus diesem Grund ist es neben vielen neuen verantwortungsvollen Aufgaben zur positiven dauerhaften friedlichen Gestaltung des Anthropozäns unabdingbar, die Religionen mit in die Verantwortung zu nehmen und sie gemäß den Erkenntnissen der Wissenschaften neu zu gestalten. Dazu gehören:

1. Neudefinition des Gottesbegriffes auf Basis der heute feststehenden wissenschaftlichen Erkenntnisse;
2. Herausarbeiten eines geschlechtsunabhängigen Gottesbegriffes;
3. Akzeptanz und Toleranz aller Lebensformen von Religionen und Kulturen;
4. Beendigung der evolutionsgeschichtlichen Entwicklung der Herrschaftsstruktur Mann sowie Realisierung eines gleichberechtigten Miteinanders von Frau und Mann.

Die Entwicklung der Menschheit in den vergangenen drei Jahrtausenden hat bis in die heutige Zeit nicht nur Spuren hinterlassen, sondern weite Teile des globalen Zusammenlebens geprägt. Wir befinden uns immer noch in einem Evolutionsprozess, in dem die Frage nach Gott eng verbunden ist mit der Stellung des Individuums, zum Beispiel der Stellung der Frau, von Minderheiten usw. in den sozialen Systemen.

Erkenntnisse der Hirnforschung

Erzeugt die globale, internetgetriebene Kommunikations- und Informationskultur möglicherweise einen „neuen Realismus", wie der Bonner Philosoph Markus Gabriel festhält, der das Zeitalter der „Postmoderne" ablöst, nachdem alle Heilsversprechungen der Menschheit, von den Religionen über die moderne Wissenschaft bis hin zu den allzu radikalen politischen Ideen des linken und rechten Totalitarismus, gescheitert waren?[8]

Vor allem die Naturwissenschaften und insbesondere die Neurowissenschaften haben das duale System in Frage gestellt. Dualistische Weltmodelle können die zentrale Frage nicht beantworten, wann im Laufe der Evolution oder der Individualentwicklung das Geistige vom Materiellen Besitz ergriffen hat.[9] Hirnforscher wie Wolf Singer und Gerhard Roth behaupten, dass Entscheidungen vom Gehirn getroffen werden, also auf neuronalen Prozessen beruhen. Hierbei stützen sie sich auf die evolutionsbiologische Evidenz einer engen Korrelation zwischen dem Differenziertheitsgrad von Gehirnen und ihren kognitiven Leistungen. Einfache (einfache Organismen) und hochdifferenzierte Gehirne (Menschen) unterscheiden sich im

8 Gabriel, Markus: Warum es die Welt nicht gibt. Berlin 2013, S. 9 f.

9 Singer, Wolf: Verschaltungen legen uns fest: Wir wollen aufhören, von Freiheit zu sprechen. Ein epistemisches Caveat. In: Geyer, Christian (Hrsg.): Hirnforschung und Willensfreiheit. Zur Deutung der neuesten Experimente. Frankfurt am Main 2005, S. 37 f.

Wesentlichen nur durch die Zahl der Nervenzellen und die Komplexität der Vernetzung. Daraus folgern Hirnforscher, dass auch die komplexen kognitiven Funktionen des Menschen auf neuronalen Prozessen beruhen müssen, die nach den gleichen Prinzipien organisiert sind, wie sie bei tierischen Gehirnen vorkommen. Entwicklungsbiologisch heißt das, dass die Ausdifferenzierung von Hirnstrukturen in der Individualentwicklung Hand in Hand mit der Ausbildung immer komplexerer kognitiver Fähigkeiten geht.

Entscheidend hierbei ist, dass dies auch für die mentalen Leistungen, die den Menschen auszeichnen, zutrifft. Das Gehirn in seiner funktionellen Architektur, basierend auf der spezifischen Verschaltung der vielen Milliarden Nervenzellen, enthält angeborenes (in den Genen gespeichertes) und durch Erfahrung erworbenes Wissen. Innerhalb des genetisch vorgegebenen Gestaltungsraumes prägen Erziehungs- und Erfahrungsprozesse die strukturelle Ausformung der Nervennetze. Kulturelle und soziale Fähigkeiten haben ebenfalls eine neuronale Grundlage. Mentale Akte wie das Empfinden und Mitempfinden von Leid, ein schlechtes oder gutes Gewissen haben, eine schlechte Handlung verurteilen, ein Gefühl unterdrücken, also intrapsychische Vorgänge, beruhen auf der Aktivierung wohldefinierter neuronaler Strukturen. Das verdeutlicht, dass die Neuronen und Synapsen nicht ausschließlich Hardware sind, sondern gleichzeitig eine der komplexesten Softwares enthalten. In den Neuronen und Synapsen gibt es Inhalte, die tragend und nachhaltig unsere Entscheidungen bestimmen.

Die kognitive Leistungsfähigkeit des Hirns scheint unbegrenzt. Täglich werden neue Entschlüsselungen des Gehirns gemeldet. So entdeckten Wissenschaftler der Universität Oxford vor Kurzem eine Region im vorderen Hirnlappen, die immer dann aktiviert wird, wenn es um moralische Entscheidungen geht. Offensichtlich haben nur Menschen ein „Gewissen“. Selbst Rhesusaffen, enge Verwandte des Menschen, besitzen diese Region nicht. Bildgebende Verfahren, Computertomografie und Magnetresonanztomografie ermöglichen es, dass man dem Menschen beim Denken zusehen, seine Gefühle und Absichten erkennen kann und auch sieht, ob er lügt oder nicht. Nur Gedankenlesen ist noch unmöglich.[10]

Das Hirn scheint also grenzenlose Möglichkeiten zu eröffnen. Jede einzelne der 100 Milliarden Nervenzellen im Gehirn kann mit bis zu 15.000 Kontaktstellen, den Synapsen, mit anderen Nervenzellen verbunden sein. Das Gehirn besteht somit aus einem vernetzten System, das über 100 Billionen Kontaktstellen verfügt. Unvorstellbare Zahlen, die aber dennoch jede Sekunde unseres Lebens bestimmen. Die bereits angesprochene enorme Komplexität und die ausgeprägte Plastizität gestalten Denken, Fühlen und Handeln. Hierbei finden die wichtigsten Hirnleistungen des Menschen im vorderen Abschnitt des Hirns statt. Der Stirnlappen arbeitet aber im Konzert mit anderen Strukturen zusammen. Dabei sieht jedes Gehirn bei äußerer Betrachtung zunächst gleich aus. Aber der Feinausbau kann höchst unterschiedlich sein. Das heißt: Jedes Gehirn ist anders vernetzt, und selbst wenn zwei Menschen exakt dasselbe den-

10 Elger, Christian: Neuroleadership. Erkenntnisse der Hirnforschung für die Führung von Mitarbeitern. Freiburg 2009, S. 43.

ken, tun sie es doch auf unterschiedliche Weise. Daher warnt Gerhard Roth vor einem „materialistischen Monismus", der annimmt, es gäbe jenseits der neuronalen Vorgänge nichts mehr zu erklären.[11]

Das Jahrhundert der Ebenbilder

Wenn also sämtliche innerpsychischen Prozesse mit neuronalen Vorgängen in bestimmten Hirnarealen einhergehen und diese Prozesse durch physikochemische Vorgänge beschreibbar sind, also langfristig erforscht, entschlüsselt und beeinflusst werden können, sind auch Geist und Bewusstsein, wie einzigartig auch diese Schlüsselbegriffe von uns empfunden werden, im Naturgeschehen verankert und übersteigen es nicht. Gott und Seele erhalten so eine neue Definition und Dimension, losgelöst von allen metaphysischen Deutungen, von mythischen und mystischen Dogmen. Darüber hinaus wird die sogenannte Glaubensbindung, der Kern des Streits, ob Theologie der Wissenschaftlichkeit unterliegt, aufgehoben.

Gott ist die Summe aller Neuronen und Synapsen der Menschen, die waren, sind und sein werden.

Die Summe ist eine kaum fassbare Zahl, die Unendlichkeit ausdrückt, aber auch Gleichheit. Sie beinhaltet meiner Meinung nach eine unendlich handelnde, eine lebendige Einheit, in der alle Menschen gleich sind – Ebenbilder –, gleichgültig, wie sie

11 Geyer, Christian: Hirn als Paralleluniversum. Wolf Singer und Gerhard Roth verteidigen ihre Neuro-Thesen. In: Geyer, Christian (Hrsg.): Hirnforschung und Willensfreiheit, a.a.O., S. 81.

persönlich ihren Gott definieren. Diese *Weltfriedensformel* ist die Basis für ein friedliches und sinnstiftendes Zusammenleben der Menschen. Jeder Mensch ist einzigartig und doch das Ebenbild des anderen und das Ebenbild Gottes. Sind wir also nicht alle „ein bisschen Gott"? Ist diese Aussage Hybris oder eine naturgegebene Tatsache? Demnach gäbe es eine Verbindung zwischen Gott und dem einzelnen Menschen: Ich bin Gott, ich bin das Absolute in diesem Sinne, weil das Absolute in jedem Einzelnen wohnt.

Alles Sein konzentriert sich auf diese Formel, konzentriert sich auf eine unendliche Zielsetzung, die in der Unbegrenztheit begrenzt ist, die letztlich der Selbsterhaltung der Menschheit dient. Wer glaubt, „dass es einen großen Regenten gibt, der das Universum und das menschliche Leben steuert", so der Philosoph Markus Gabriel, irrt.[12] Es gibt kein Weltganzes, das von jemandem regiert wird. Die Summe der Menschen, die Summe ihrer Neuronen und Verschaltungen, regiert die Welt.

Der Mensch aber muss gleichzeitig seine Begrenztheit erkennen. Nur wenn alle Menschen ihr gemeinsames Ebenbild erkennen, haben sie eine Chance, in dieser Welt zu überleben. Diese Formel befreit vor allem den Menschen von zahlreichen Illusionen, die er im Laufe der antik-christlichen Entwicklung, aber auch in den anderen Religionen angehäuft hat. Er kann sich nun festlegen und das Unmögliche ins Auge fassen, jene Handlungsfreiheit, die Religionen verhindern wollen, um ihre Macht zu erhalten.

12 Gabriel, Markus: Warum es die Welt nicht gibt, a. a. O., S. 212.

Ich bin überzeugt, dass das 21. Jahrhundert das Jahrhundert der Ebenbilder werden muss, um den globalen Frieden zu sichern. Nur Ebenbilder schaffen Einheit, die unteilbar ist.

Das heißt nichts anderes, als dass alle Menschen eine einzige Wahrheit, ein einziges Sein darstellen, aber dennoch jeder für sich in der Gesamtheit des Daseins ein eigenes Individuum ist. Das wirft die Frage nach der Individualität auf, nach der Seele, die Frage nach einer lebenstauglichen Disposition. Das heißt, wie bereits festgestellt, dass jedes Gehirn anders vernetzt ist. Vielleicht besitzt jedes Neuron und jede Verschaltung eine eigene Identität, deren Summe die Seele ist.

Die Seele ist die Summe der Neuronen und Synapsen eines jeden einzelnen Menschen.

Die Seele ist der sichtbare Ausdruck der neuronalen Zusammensetzung des individuellen Gehirns. Im Gehirn läuft alles zusammen, hier liegt die Basis der Gleichheit aller Menschen, aller Kulturen und Religionen: die Unabhängigkeit von Geschlecht, Farbe und Religion. Das Alleinstellungsmerkmal ist das Gehirn des einzelnen Menschen, und die Summe ist Gott. Jeder Mensch hat mentale Landkarten im Kopf. Sie helfen ihm, die Wirklichkeit in einer ihm eigenen ganz bestimmten Weise zu deuten und zu verstehen.[13]

13 Elger, Christian: Neuroleadership, a. a. O., S. 20.

Der Neurotheismus als Holding aller Religionen

So schlagen wir ein neues Kapitel in der Evolutionsgeschichte auf, frei von nationalen Grenzen. Aber dennoch bleibt es dem einzelnen Menschen vorbehalten, wie er seinen Alltag kulturell, religiös, politisch und ökonomisch gestaltet, da Ebenbilder sich akzeptieren und tolerieren. Das heißt in aller Deutlichkeit: Der Neurotheismus will keine der bestehenden Religionen und Kulturen abschaffen, sondern er will eine mögliche Grundlage bereiten, mit der alle Religionen arbeiten und gemeinsam leben können. Vielleicht kann er als eine Art Holding aller Religionen wirken.

Die Religionen müssen im Laufe des Anthropozäns die naturwissenschaftlichen Erkenntnisse nutzen, um dem Menschen eine lebenswerte, von allen Drohungen freie Existenz zu ermöglichen. Den Religionen kommt so im Anthropozän eine zentrale Aufgabe zu. Sie werden zum inhaltlichen/geistigen Fixpunkt des menschlichen Zusammenlebens.

Die Friedensformel hat natürlich zahlreiche Konsequenzen zur Folge: Fest steht, dass die Mehrheit der Menschen in Frieden leben will, basierend auf einer akzeptablen Lebensqualität. Das Problem besteht darin, dass Menschen in den unterschiedlichen Kulturen und Religionen Frieden als „ihren" Frieden definieren, auf der Basis ihrer Kultur und ihrer Religion. Hier greift wieder das Prinzip des „Alleinseligmachens". Würden die Menschen sich als Ebenbilder Gottes akzeptieren, gleich welchen Namen sie diesem Gott geben, würde das Prinzip des „Alleinseligmachens" hinfällig. Somit ist der „Neurotheismus" der Beginn einer neuen Lebensform auf wissenschaftlicher

Basis. Eine gemeinsame Zukunftsforschung könnte Differenzen überwinden und die Menschheit in eine friedvolle Zukunft führen.

Das Anthropozän und seine Folgen: Technik- und Naturentwicklung entkoppeln

Joachim Müller-Jung im Gespräch mit Prof. Dr. Jan Zalasiewicz und Prof. Dr. Bernd Scherer

Joachim Müller-Jung:
Herr Professor Scherer zeigt in seinem Beitrag einen kulturpolitischen Blick auf das Anthropozän und stellt somit einige Themen für die folgende Diskussion bereit. Die Maßlosigkeit, die gewissermaßen das konstitutive Element des Anthropozäns ist und die geologisch fixiert wird, hat der Mensch selbst ausgelöst. Unsere Diskussion richtet sich zudem auf die Zukunft des Anthropozäns, auf die naturwissenschaftlich-kulturellen Debatten, die anbrechen werden und seine gesellschaftliche Bedeutung.

Die erste Frage bezieht sich auf die geologische Kommission. Es geht um den formalen Prozess der Etablierung des Anthropozäns, der im Gange ist, und um die von Herrn Zalasiewicz gegebene Prognose, seinen Blick in die Zukunft: Wie lange kann das dauern? Erleben wir (also unsere Generation) noch, dass dieser formale Prozess abgeschlossen wird, oder müssen wir dahingehen, was Herr Scherer vorschlägt: Wir müssen diesen Begriff Anthropozän, die Probleme, die wir damit verbinden, einfach mal akzeptieren und vielleicht politisch diskutieren. – So how long will it take to come to an end for your commission and to establish the epoch, the new epoch of the Anthropocene?

Jan Zalasiewicz:

Thank you! A very good and very difficult question. We normally work in geological time scales in these decisions. Since the world is very complicated and geological time is very long and lots of things happened, many events impressed themselves into the strata and to get a large picture of that, sufficient to carve out the dynasties, which typically takes the working groups anything between 10, 20, 30 years for each decision on that geological time scale. We would like to work a little bit more quickly than that because the question has importance beyond geology, so we have been working since 2009, so for seven years, eight years now. We have reached the decision that the Anthropocene is real and we should try to formalise it. As the Anthropocene is a cultural construct, we should set its beginning somewhere in the mid-twentieth century. To do this and in order to convince our colleagues in all our commissions, we have to do the job thoroughly, properly and classically. We need to establish – within the strata somewhere – candidates for what we call the golden spike, the physical reference point that can mark the beginning of the Anthropocene and the event that that marks can then be traced around the world as a time plate. It is not a trivial exercise to do this. We have started to do this, even this year, and we think it will, hopefully, it will take us three to four years to come up with a proposal based on this technical work that we can then submit to all of the commissions and subcommissions and unions above us. There is a large bureaucracy wherein all members l have to agree on this. How long they will take once we have come to a decision, I would guess, somewhere between one and two years. There are a few short cuts in this process. So hopefully within – what's the word –, we can see the end, faintly at the end of a long tunnel somehow. It is on the horizon.

Joachim Müller-Jung:
Wir haben es hier also mit einem bürokratischen Prozess zu tun, der auch noch einige Zeit in Anspruch nehmen wird. Vor allem spannend ist an dieser Stelle, dass die Arbeitsgruppe, die sich mit diesen Themen beschäftigt, quasi in der nächsten Stufe neue Ergebnisse vorlegen wird. Sie wird sich darum kümmern, neue Daten zu sammeln. Hierbei entsteht ein Prozess, in dem eine übergeordnete Kommission, über der dann wahrscheinlich eine noch höhere Kommission stehen wird, Ergebnisse präsentieren und Entscheidungen fällen wird. Dies wird, wie Sie sagen, allerdings maximal drei bis vier Jahre in Anspruch nehmen und sich somit relativ schnell abschließen lassen. Das Sammeln von Daten spielt außerdem eine wichtige Rolle. Hierdurch wird man in 20 bis 30 Jahren vielleicht auch diese formale Bestätigung des Anthropozäns haben.

In 20 bis 30 Jahren sind wir in der Mitte des Jahrhunderts, und wenn ich die Klimaforschung verfolge, dann haben wir wahrscheinlich Mitte des Jahrhunderts schon kein Eis mehr. Das würde sich besonders in der Arktis auf das Aussterben von Tieren wie dem Eisbären auswirken. Hier entsteht nicht selten ein Konflikt in der Wissenschaft. Wenn Biologen und Wissenschaftler darüber streiten, welche negativen Rückwirkungen sich in diesem Fall auf die Umweltpolitik ergeben, dann ist klar, dass diese schon jetzt zu beobachtenden Prozesse unterbunden werden müssen. Es muss daher möglich sein, dass in der Umweltpolitik zurückgerudert werden kann.

Bernd Scherer:
Wenn man sich den Prozess der Formalisierung des Anthropozäns anschaut, weiß man, worum es inhaltlich geht. Die Formen von Wissenschaften können nicht mehr eins zu eins unsere Problemlagen erfassen, weil solche Transformationsprozesse, die wir vor 50 Jahren bereits hatten, immer schneller werden. Disziplinbezogenes Wissen, wie es klassischerweise in Wissenschaften betrieben wird, kann sozusagen nicht mehr repräsentieren, was in der Gegenwart passiert. Wir brauchen mehr und mehr Zusatzinstitutionen, die aus ersten Erkenntnissen dieser Wissenschaften heraus auf die Gesellschaft Einfluss nehmen.

Hierbei richtet sich das gegenwärtige Interesse der Geologen – das habe ich bei meinem seit langer Zeit bestehenden Gedankenaustausch mit Jan Zalasiewicz gelernt – auf faszinierende Ergebnisse. Geologen haben ja klassischerweise Zeiträume betrachtet, wo der Mensch gar keine Rolle spielte. Dass der Mensch überhaupt ein Phänomen in der Geologie ist, ist was ganz Neues. Das führt dazu, dass die Erkenntnisse der Arbeitsgruppe Einfluss auf politische, gesellschaftliche Prozesse haben. Es gab zum Beispiel einen Vorschlag, dass das Anthropozän mit dem Kolonialismus begonnen hat, und das gab direkt einen Riesendiskurs im politischen Feld.

Das verdeutlicht, was diese Gruppe macht, was scheinbar nur das Sammeln von Daten und die Bestandsaufnahme von Daten ist. Diese faktisch belegbaren Konsequenzen bringen große Fragen nach Verantwortlichkeiten hervor. Wer ist verantwortlich für diese Prozesse, was sind die gesellschaftlichen Implikationen und so weiter? Das heißt, die Gruppe, hier die Geologen, ist zum ersten Mal in einen Prozess involviert, der permanent gesellschaftlich verfolgt wird und wo gesellschaftliche Prozesse immer wieder auch intervenieren. Das macht einen Teil der Geologen auch sehr unsicher: Wie soll damit umgegangen und verfahren werden? Der Grund hierfür ist simpel: Diese Form von Naturwissenschaften oder Erdwissenschaften ist gar nicht auf diese gesellschaftlichen Auseinandersetzungen vorbereitet. Das heißt, wir sind gleichzeitig mit dem Anthropozän auch in einer Zeit, in der sich die Wissenschaft neu entwickeln muss. Das ist eine ganz wichtige Frage, wenn es um die Auseinandersetzung mit der Gesellschaft und diesem Phänomen geht.

Joachim Müller-Jung:
As far as I understand: The decisive question is, what is the reason for the confusion about the starting point of the Anthropocene, right? It is not about the epoch, the definition of the Anthropocene, it is about the starting point.

Jan Zalasiewicz:
I am afraid the situation is more complicated. There are several questions: The first one is: Is the Anthropocene real? I think this is now widely agreed upon, even amongst the people who do not think it should be formalised. It is a big event in Earth history in many ways. The starting point for geologists is pragmatic. It is how well you can trace a level – a reference plane – in time. This does not have to be the beginning of human impact or the most important human impact. It has to be functional in its own right as a time plane. And then you sort out history below and above. So even the 1950 question is not so important. It is what works best. The important question, I think, is

whether it is useful to formalise the Anthropocene, specifically: to whom is it useful to formalise the Anthropocene. Previously, the Jurassic, the Pleistocene – the only people concerned with that are the geologists. Nobody else cares and the geologists think that nobody else matters. With the Anthropocene it is different. It has to be useful to geologists – that is a given – but we also have to consider how useful it is to other sciences and to communities outside of science. And I think that is the big question: the utility of formalising it within the geological time scale. Not as utility as a concept, a reality, something you can use in discussions, something you can use to understand the Earth and its changes. The formalisation question hinges upon reality, utility and a lot of bureaucracy and politics, too.

Joachim Müller-Jung:
Geologen leben auch in ihrer Blase, das dürfen sie auch. Das Wichtige hierbei ist, dass es uns als Gesellschaft, uns als Kulturen, uns als Menschheit gar nicht um die Definition, um die Frage geht: Gibt es das Anthropozän oder nicht? Wir müssen uns ja eigentlich die Frage stellen, die sich aus der Abbildung in ihrem Beitrag ergibt: Wie können wir diese Vorgänge, die alle nach oben zeigen, die sich beschleunigen, entkoppeln und zwar entkoppeln von der weiteren kulturellen Entwicklung des Menschen? Das heißt: Wir wollen einen Fortschritt. Ich glaube, dass jeder, auch jeder Politiker, jeder junge Mensch den Fortschritt will und auch braucht. Aber wir müssen den Fortschritt von diesen negativen Implikationen befreien. Wie können wir also, grob gesprochen, Technik- und Naturentwicklung entkoppeln? Wo macht man den Anfang bei diesen ganzen Fäden, vor allem bei der großen Auswahl, die wir hier zur Verfügung

haben? Wo fängt man an? Wo sehen Sie die besten Anfänge? Wo gibt es diese Umkehr? Wo wird es vielleicht zum ersten Mal sichtbar?

Bernd Scherer:
Ich habe ja versucht, in meinem Beitrag deutlich zu machen, dass ein Teil der Philosophie, die zum Anthropozän führt, der Machbarkeitswahn ist. Das heißt, in dem Moment, wo ich eine Idee habe, wird sie technologisch umgesetzt, verändert damit die Erde und hat dann auch Einfluss auf die Erde. Ich glaube, wir müssen als ersten Schritt zurück zu einer Gesellschaft finden, in der grundlegende Entwicklungen auch von den Menschen und den Akteuren debattiert werden, die davon betroffen sind. Es geht immer direkt darum (zum Beispiel an Universitäten), was du machen kannst mit deiner Wissenschaft, wie sie in eine Technologie übersetzbar ist. Im Zentrum steht nicht mehr die Frage: Macht das Sinn, wollen wir das?

Der erste große Schritt, um die Notwendigkeit und die Weiterentwicklung in den Technologien zu verdeutlichen, darf sich hierbei nicht um die Frage drehen, was in der Entwicklung von Technologie möglich ist. Vielmehr muss sich der Fokus darauf richten, dass man die Technologiefrage und die Entwicklung von Technologien wieder mit der Sinnfrage und der Frage verknüpft, was wir damit überhaupt wollen.

Momentan sind wir eigentlich Getriebene der technologischen Entwicklungen. Wir sind so schnell, dass keiner mehr, der da dran mitarbeitet, überhaupt voraussagen kann, voraussehen kann, was die weiteren Implikationen sind. Das führt dazu, dass man jetzt zum Beispiel in diesem Kontext der Technosphäre-Entwicklung davon ausgeht, dass wir nicht mehr nur von einzelnen Technologien sprechen, sondern von einer Technosphäre. Das heißt, Technologien sind so miteinander vernetzt, dass sie eine eigene Welt darstellen, die zurückwirkt auf uns. Sie sind nicht mehr nur Mittel für uns, um etwas zu erreichen und zu tun, sondern sie beginnen uns zu prägen. Das Wesen des Menschen wird mehr und mehr von dem bestimmt, was die Technologie kann.

Die Frage, was wir wollen, gewinnt an enormer Bedeutung. Wichtig ist dabei auch, dass unterschiedlichste Akteure unterschiedliche Reaktionen darauf haben. Wir sehen das zum Beispiel im Klimakontext mit der Zwei-Grad-Debatte. Da wird eine Norm gesetzt, die – weltweit betrachtet – aufgrund der unterschiedlichen Ressourcen der einzelnen Länder nicht überall realisiert werden. Die Betroffenen, die Auswirkungen auf die Betroffenen, sind sehr verschieden. Wir leben in einer Welt, wo wir global die Welt verändern, aber die Akteure lokal ganz unterschiedliche Antworten auf diese globalen Entwicklungen haben. Die Welt ist im Hinblick auf den Menschen nicht homogen, sondern hier existieren ganz unterschiedliche Situationen.

Wir müssen einfach auch wieder eine Sensibilität für die materielle Natur entwickeln und eine Sprache, die nicht nur als etwas verstanden wird, das man ausbeuten kann. Die Vorstellung, in der Wüste einfach einen Golfplatz anzulegen, weil es möglich ist, bringt mehr negative als positive Konsequenzen mit sich. Grasland in die Wüste zu legen oder in der Wüste sozusagen mit wahnsinnig viel Energieressourcen klimatische

Verhältnisse herzustellen wie in Deutschland, das grenzt an unnötigen Machbarkeitswahn.

Für ein effektiv richtiges Handeln gibt es keine Regeln. Um mit der Situation umzugehen, brauchen wir neue Formen gesellschaftlicher Verständigung über diese Prozesse. Hier spielen sowohl die Wissenschaften als auch die Medien eine wichtige Rolle. Da spielen aber auch Kulturinstitutionen wie das Haus der Kulturen der Welt eine zentrale Rolle.

Joachim Müller-Jung:
Ein tiefsinniges Abschlussplädoyer! Danke schön! Thank you very much!

Autoren und Interviewpartner

Ann Kathrin Linsenhoff ist approbierte Tierärztin und ehemalige Leistungssportlerin sowie Olympiasiegerin, Welt- und Europameisterin im Dressurreiten. Neben dem Reitsport ist das soziale Engagement ein wichtiger Schwerpunkt in ihrem Leben. Im Jahr 2002 gründet sie die Ann-Kathrin-Linsenhoff-Stiftung für UNICEF unter dem Dach des UN-Kinderhilfswerks. Seit April 2008 bis Juni 2018 übernimmt Ann Kathrin Linsenhoff zudem auch Vorstandsaufgaben als stellvertretende Vorsitzende von UNICEF Deutschland. Im Jahr 2014 gründet sie die Linsenhoff-Stiftung mit regionalem Fokus auf Deutschland und den Raum Frankfurt, die ihr internationales Engagement über UNICEF ergänzt.

Joachim Müller-Jung ist Leiter des Ressorts „Natur und Wissenschaft" im Feuilleton der Frankfurter Allgemeinen Zeitung. Sein journalistisches Interesse gilt vor allem den Lebenswissenschaften, der Medizin, der Kognitionsforschung, dem Klimawandel sowie den Grenzgebieten zwischen Naturwissenschaften, Philosophie, Kunst und Fotografie.

Prof. Dr. Manfred Pohl ist Gründer und Vorsitzender des Frankfurter Zukunftsrates, des Frankfurter Kultur Komitees sowie der Initiative My Europe. Er ist Autor zahlreicher Werke, insbesondere zur Unternehmensgeschichte. Als Historiker und Volkswirt hat er eine Honorarprofessur am Fachbereich Wirtschaftswissenschaften der Johann Wolfgang Goethe-Universität in Frankfurt am Main inne. Als Auszeichnung für sein gesellschaftliches Engagement erhielt er das Bundesverdienstkreuz Erster Klasse sowie den Europäischen Kulturpreis.

Prof. Dr. Bernd M. Scherer ist Intendant des Hauses der Kulturen der Welt (HKW) in Berlin. Der Philosoph und Autor zahlreicher Veröffentlichungen kam zum HKW vom Goethe-Institut. Seit 2011 lehrt er als Honorarprofessor am Institut für Europäische Ethnologie der Humboldt-Universität zu Berlin. Er ist Herausgeber des Sammelbands „Das Anthropozän. Zum Stand der Dinge“.

Prof. Dr. Klaus Töpfer war Exekutivdirektor des Institute for Advanced Sustainability Studies (IASS) in Potsdam sowie ehemaliger Exekutivdirektor des Umweltprogramms der Vereinten Nationen (UNEP) in Nairobi. Er war Bundesminister für Umwelt, Naturschutz und Reaktorsicherheit und Bundesminister für Raumordnung, Bauwesen und Städtebau sowie Mitglied des Deutschen Bundestages. Prof. Töpfer erhielt zahlreiche Auszeichnungen und Ehrungen, wie beispielsweise das Große Bundesverdienstkreuz, den Deutschen Umweltpreis der Deutschen Bundesstiftung Umwelt (DBU) und den Deutschen Nachhaltigkeitspreis für sein Lebenswerk. 2012 wurde er in die Earth Hall of Fame von Kyoto aufgenommen.

Prof. Dr. Jan Zalasiewicz lehrt Paläobiologie an der Universität von Leicester, Großbritannien. Zurzeit erforscht er fossile Ökosysteme und Lebensräume über den geologischen Zeitraum von einer halben Milliarde Jahre. In den vergangenen Jahren war er an der Entwicklung von Ideen über das Anthropozän beteiligt.

Er leitet die Arbeitsgruppe „Anthropozän" der *Subcommission on Quaternary Stratigraphy* (SQS), eines Gremiums der International Commission on Stratigraphy (ICS), der größten wissenschaftlichen Organisation innerhalb der International Union of Geological Sciences (IUGS).

Die Herausgeber

Manfred Pohl ist Gründer und Vorsitzender des Frankfurter Zukunftsrates, des Frankfurter Kultur Komitees sowie der Initiative My Europe. Er ist Autor zahlreicher Werke, insbesondere zur Unternehmensgeschichte. Als Historiker und Volkswirt hat er eine Honorarprofessur am Fachbereich Wirtschaftswissenschaften der Johann Wolfgang Goethe-Universität in Frankfurt am Main inne. Als Auszeichnung für sein gesellschaftliches Engagement erhielt er das Bundesverdienstkreuz Erster Klasse sowie den Europäischen Kulturpreis.

Jelena Mitsiadis ist Generalsekretärin der Vereine Frankfurter Zukunftsrat e.V. und My Europe 2100 e.V. Sie studierte Romanistik, Ostslavistik und Historische Ethnologie an der Johann Wolfgang Goethe-Universität in Frankfurt am Main und der Universidad Autónoma de Barcelona (UAB). In ihrem Beruf befasst sie sich mit Themen der Zukunft Europas, vor allem mit dem Fokus auf die Perspektiven der Jugend. Ihr großes Herzensanliegen gilt der Erforschung der Geschichte der Sepharden. Darüber hinaus gilt ihr persönliches Interesse den Themen der Bildung und der Digitalisierung im Anthropozän.